“十二五”职业教育国家规划

经全国职业教育教材审定委员会

高职国家示范专业规划教材·物流管理专业

物流管理信息系统

（第2版）

刘 健 主编

清华大学出版社

北 京

内容简介

本书基于第一版进行修订，采用“项目导向、任务驱动”的编写模式，将一个仓储管理信息系统实例设计与实现的步骤拆分成若干任务，循序渐进地进行讲解，使系统设计的步骤完整地呈现。同时，以物流管理信息系统为主线，介绍了物流管理信息化过程中所涉及的物流信息技术及其应用，物流管理信息系统的设计、实施与维护等内容，以提高读者理论联系实际的能力。

本书共分为五个项目，包括物流管理信息系统认知、物流信息技术应用、物流管理信息系统分析、物流管理信息系统设计和物流管理信息系统实施。每个项目有任务分析和工作步骤，教学目标明确，针对性、实用性强，突出了实际操作能力的培养。

本书可作为高等职业院校物流管理专业及相关专业的教材或教学辅导书，也可作为社会培训物流管理高级技术人才的教材或参考用书。

图书在版编目(CIP)数据

物流管理信息系统/刘健主编. —2版. —北京：清华大学出版社，2014（2022.7重印）
高职国家示范专业规划教材.物流管理专业
ISBN 978-7-302-37475-6

Ⅰ.①物… Ⅱ.①刘… Ⅲ.①物流－管理信息系统－高等职业教育－教材 Ⅳ.①F252-39

中国版本图书馆CIP数据核字(2014)第170671号

责任编辑：帅志清
封面设计：王跃宇
责任校对：袁 芳
责任印制：曹婉颖

出版发行：清华大学出版社
网 址：http://www.tup.com.cn，http://www.wqbook.com
地 址：北京清华大学学研大厦A座 邮 编：100084
社 总 机：010-83470000 邮 购：010-62786544
投稿与读者服务：010-62776969，c-service@tup.tsinghua.edu.cn
质 量 反 馈：010-62772015，zhiliang@tup.tsinghua.edu.cn
课 件 下 载：http://www.tup.com.cn，010-62795764
印 装 者：三河市龙大印装有限公司
经 销：全国新华书店
开 本：185mm×260mm 印 张：10.75 字 数：239千字
版 次：2012年6月第1版 2014年11月第2版 印 次：2022年7月第7次印刷
定 价：33.00元

产品编号：059527-02

《高职国家示范专业规划教材·物流管理专业》编审委员会

序言

近年来，我国高等职业教育蓬勃发展，高等职业教育的规模进一步扩大，服务经济社会的能力有了较大提高，为现代化建设培养了大量高素质技能型专门人才，为高等教育大众化作出了重要贡献。同时丰富了高等教育的体系结构，形成了高等职业教育的体系框架，也顺应了人民群众接受高等教育的强烈需求。

《教育部关于全面提高高等职业教育教学质量的若干意见》(以下简称《意见》)明确指出：课程建设与改革是提高教学质量的核心，也是教学改革的重点和难点。高等职业院校要积极与行业企业合作开发课程，根据技术领域和职业岗位(群)的任职要求，参照相关的职业资格标准，改革课程体系和教学内容，建立突出职业能力培养的课程标准，规范课程教学的基本要求，提高课程教学质量。同时，《意见》指出，课程建设要改革教学方法和手段，融教、学、做为一体，强化学生能力的培养。加强教材建设，与行业企业共同开发紧密结合生产实际的实训教材。

北京财贸职业学院作为国家示范院校，物流管理专业作为国家示范专业，坚持以就业为导向，以提高学生综合职业能力为主线，通过校企合作，重点开发了“仓储配送中心布局与管理”、“运输配送路线优化”、“国际货运代理业务流程设计”、“物流管理信息系统”、“网络营销”和“网络设计与实施”等优质核心课程。

课程的开发采取了企业调研、岗位访谈、熟悉企业业务流程和工作标准、与企业管理者座谈等形式，结合不同企业类型的特点，总结出岗位典型的工作任务，通过项目的形式，按照实施的步骤，将具体的知识与技能要点体现出来，实现在工作中提高技能，在技能提高中学习知识，真正体现“工学结合”。

为了更好地突出技能的培养，我们还专门开发了相关核心课程的实训手册，这些手册是真正的技能训练、真正的工学结合课程的操作手册。通过此实训手册的训练，学生可以完全胜任物流企业基层领班人岗位的工作。

参与本套系列教材编写的团队中有教授、博士等，更有来自企业的管理者、一线专家，可以说本套教材是全体编写团队集体智慧的结晶，十分感谢他们的无私奉献。

王茹芹

序言

第2版前言

物流管理信息系统是一门理论性和实践性都很强的课程，是由多个新兴学科交叉形成的复合课程，其内容随着计算机技术和物流信息技术的发展而不断完善。本书以物流管理信息系统为主线，介绍了物流管理信息化过程中所涉及的物流信息技术及其应用，物流管理信息系统的设计、实施与维护等内容，并详细介绍了物流管理信息系统的开发流程，以提高读者理论联系实际的能力。

本书第一版分为理论教材和实训手册两本，在实际教学中发现，两本教材在理论讲授部分有重复的内容，并且在教学中交叉讲授，导致使用不便。本次修订将理论教材和实训手册合二为一，采用"项目导向、任务驱动"的模式重新编写，并在每个项目训练之后，增加了配合每个项目内容的实训题，以提高读者的实际应用能力。

在修订中，重新设计了教材的体例结构，更加强调编写体例的系统性。用一个仓储管理系统实例贯穿整本教材，每一个任务实现实例的一个部分，通过对实际系统实例的逐步分解，将复杂的问题简单化，使学生能够逐步掌握系统设计和实施的方法，最终具有实际系统设计和创建的能力。

本书内容主要涵盖了5个方面，具体包括物流管理信息系统认知、物流信息技术应用、物流管理信息系统分析、物流管理信息系统设计和物流管理信息系统实施。通过5个项目的学习和训练，使读者掌握物流管理信息系统分析、设计、实施与维护的整个流程，从而初步具备分析和开发系统的能力。每个项目都有任务分析和工作步骤，教学目标明确，针对性和实用性强，突出了实际操作能力的培养。

本书具有理论难度适中、叙述简洁、图文并茂、突出重点、通俗易懂等特点，不仅适合作为高职院校的教材或教学辅导书，也可作为社会培训物流管理高级技术人才的教材或参考用书。

本书的参考学时为48～64学时，建议采用理论实践一体化教学模式。各项目的参考学时如下。

学时分配表

项　目	课 程 内 容	学　时
项目一	物流管理信息系统认知	6～10
项目二	物流信息技术应用	16～20
项目三	物流管理信息系统分析	8～10
项目四	物流管理信息系统设计	8～10
项目五	物流管理信息系统实施	8～12
	课程考评	2
	学时总计	48～64

本书由刘健担任主编,具体分工为:刘健编写了项目一、项目四和项目五,宋晓黎编写了项目二,董启刚、屈虔编写了项目三。

由于编者水平和经验有限,书中难免存在不足和疏漏之处,恳请读者批评指正。

编　者

2014 年 1 月

第1版前言

物流管理信息系统是一门理论性和实践性都很强的课程，是由多个新兴学科交叉形成的复合课程，其内容随着计算机技术和物流信息技术的发展而不断完善。本书以物流管理信息系统为主线，介绍了物流管理信息化过程中所涉及的物流信息技术及其应用，物流管理信息系统的设计、实施与维护等内容，详细介绍了物流信息数据的分析及应用，以提高读者理论联系实际的能力。

本书采用完全面向应用的项目导向方法，每个项目都来源于实际应用或实际案例。其主要内容涵盖了四个方面，包括物流管理信息系统认知、物流信息技术应用、物流管理信息系统开发和物流信息数据分析。每个项目都有任务分析和工作步骤，教学目标明确，针对性、实用性强，突出了实际操作能力的培养。

通过物流管理信息系统基本概念及四个项目的学习和训练，不仅能够掌握物流管理信息系统的基本知识和物流信息数据的分析方法，而且能够掌握物流信息技术的应用和物流管理信息系统的设计、实施与维护。本书具有理论难度适中、叙述简洁、图文并茂、突出重点、通俗易懂等特点，不仅可作为高等职业院校物流管理专业及相关专业的教材或教学辅导书，也可作为社会培训物流管理高级技术人才的教材或参考用书。

本书的参考学时为48～64学时，建议采用理论实践一体化教学模式，各项目的参考学时见下表。

学时分配表

项　目	课程内容	学　时
项目一	物流管理信息系统认知	6～10
项目二	物流信息技术应用	16～20
项目三	物流管理信息系统开发	16～20
项目四	物流信息数据分析	8～12
课程考评		2
课时总计		48～64

本书由刘健任主编,宋晓黎任副主编,刘健、刘春晓编写了项目一,宋晓黎编写了项目二,董启刚编写了项目三,屈虔编写了项目四。

由于编者水平和经验有限,书中难免存在不妥和疏漏之处,恳请读者批评指正。

编　者

目 录

项目一

物流管理信息系统认知

▲ 学习目标

- 掌握信息的概念及属性；
- 掌握数据与信息的关系；
- 掌握物流信息的相关概念；
- 掌握物流管理信息系统的概念、分类与作用等。

▲ 项目描述

本项目通过易通第三方物流管理系统（教学版）的实例，以企业内部管理为基础，包括仓储管理、运输管理、异常管理、合同管理、客户管理、资源管理、结算管理和系统管理等模块，覆盖各个物流环节，自动交换各部门间的业务数据，实现企业内部信息共享。在加强内部管理的同时，通过互联网、远程通信等工具实现货物跟踪、网上查询等功能，从而全面实现物流管理的系统化、网络化、现代化。

▲ 专业知识

一、信息系统

(一) 信息概述

信息是客观世界各种事物特征的反映。客观世界中任何事物都在不停地运动和变化,呈现出不同的特征。从本质上看信息是对社会、自然界事物特征、现象、本质及规律的描述。

信息所描述的内容按照反映形式能够通过符号、声音、文字、图形、图像、动画等来表征和传播。

信息具有以下几方面的属性:①事实性;②时效性;③不完全性;④层次性;⑤可变换性;⑥价值性;⑦可压缩性。

(二) 信息与数据

数据是对客观事物的性质、状态及相互关系进行记载的物理符号,它是可识别的、抽象的符号。数据的表现形式多种多样,包括用于表示客观事物的未经加工的原始素材,如图形符号、数字、字母等。

信息与数据的概念不同,但两者之间又有着千丝万缕的联系。信息是客观事物属性的反映,是经过加工处理并对人类客观行为产生影响的数据表现形式;数据是反映客观事物属性的记录,是信息的具体表现形式。

数据是符号,是物理性的;信息是对数据进行加工处理之后所得到的数据,具有逻辑性。任何事物的属性都是通过数据来表示的。数据经过加工处理之后成为信息。

只有数据对实体行为产生影响才成为信息,数据只有经过解释才有意义,成为信息。例如:单独的"1"、"0"没有意义,但当它表示开关的状态时,就提供了"开"、"关"信息,这时它用来表示某种实体的状态或类别,就提供了特征码信息。

(三) 物流信息概述

物流信息是指在物流活动中产生的数据、资料的集合,即反映物流相关活动的知识、资料、数据、图像和文件的总称。它不仅包括企业内部的物流信息,还包括企业之间的物流信息。各个企业竞争优势的获得就是使得企业之间的信息及时交换、共享。物流信息数量庞大而且极具复杂性,可简单将其分为采购信息、进货信息、库存信息、订货信息、流通加工信息、分拣配货信息、发货信息、搬运信息、运输信息、退换货信息以及相关的控制决策信息等。

总的来说,物流信息是反映物流各种活动内容的知识、资料、图像、数据、文件的总称。物流信息是物流活动中各个环节生成的信息,是随着从生产到消费的物流活动而产生的信息流,与物流过程中的运输、保管、装卸、包装等各种职能有机结合在一起。由于物流信息贯穿于物流活动的整个过程中，并通过其自身对整体物流活动进行有效控制。所以，通常认为物流信息是物流的中枢神经。

物流信息的主要特点如下：

(1) 由于物流是一个大范围内的活动，物流信息源也分布于一个大的范围内，信息源点多，信息量大。如果这个大范围未能实现统一管理或标准化，信息便缺乏通用性。

(2) 物流信息动态性特别强。信息的价值衰减速度很快，这就对信息工作的及时性要求较高。在大系统中，强调及时性，信息收集、加工、处理速度要相当快。

(3) 物流信息种类多，不仅本系统内部各个环节有不同种类的信息，而且由于物流系统与其他系统，如生产系统、销售系统、消费系统等密切相关，因而还必须收集这些类别的信息。这就使物流信息的分类、研究、筛选等难度增加。

二、物流管理信息系统

(一) 物流管理信息系统概述

1. 物流管理概念

物流管理是指在社会生产过程中，根据物质资料实体流动的规律，应用管理的基本原理和科学方法，对物流活动进行计划、组织、指挥、协调、控制和监督，使各项物流活动实现最佳的协调与配合，以降低物流成本，提高物流效率和经济效益。

物流管理的内容包括：

(1) 对物流活动诸要素的管理，包括运输、储存等环节的管理。

(2) 对物流系统诸要素的管理，包括对人力、财力、物力、设备、方法和信息六大要素的管理。

(3) 对物流活动中具体职能的管理，包括物流计划、质量、技术、经济等职能的管理。

2. 物流管理的目的

实施物流管理的目的就是要在尽可能低的总成本条件下实现既定的客户服务水平。物流管理要解决的基本问题，简单地说，就是把合适的产品以合适的数量和价格在合适的时间和地点提供给客户。

物流管理强调运用系统方法解决问题。现代物流通常被认为是由运输、存储、包装、装卸、流通加工、配送和信息诸环节构成。各环节原本都有各自的功能、利益和观念。系统方法就是利用现代管理方法和现代技术，使各个环节共享总体信息，把所有环节作为一个一体化的系统来进行组织和管理，以使系统能够在尽可能低的总成本条件下，提供有竞争优势的客户服务。系统方法认为，系统的效益并不是它们各个局部环节效益的简单相加。系统方法意味着，对于出现的某一个方面的问题，要对全部的影响因素进行分析和评价。从这一思想出发，物流系统并不简单地追求在各个环节上各自的最低成本，因为物流各环节的效益之间存在相互影响、相互制约的倾向，存在着交替易损的关系，例如过分强调包装材料的节约，就可能因其易于破损造成运输和装卸费用的上升。因此，系统方法强调要进行总成本分析，避免次佳效应和成本权衡应用的分析，以达到总成本最低，同时满足既定的客户服务水平的目的。

3. 物流管理信息系统的内涵

物流管理信息系统可以理解为通过对与物流活动相关信息的加工处理来达到对物流、资金流的有效控制和管理,同时为企业提供信息分析和决策支持的人机交互系统。从广义上说,物流管理信息系统应包括物流过程的各个领域的信息系统,如运输、仓储、配送及其他物流活动,是一个由计算机、应用软件及其他高科技的设备通过网络连接起来动态互动的系统。从狭义上说,物流管理信息系统只是管理信息系统在涉及物流企业中的应用,即用来管理物流的系统。

(1) 从构成上看,物流信息系统由软件及硬件两大部分组成。软件主要指物流企业完成物流活动的运输、仓储、搬运等各环节的信息系统软件;硬件主要指支撑相应软件的载体(如通信设施、计算机硬件)。

(2) 从技术层面上看,物流信息系统是利用计算机技术、通信技术等现代高新技术对传统的货物流通管理过程进行改造,用以提升物流活动的整体效益与用户服务水平而形成的信息系统,如利用条形码技术、EDI 技术、GPS 技术等实现货物的跟踪查询功能。

(3) 从政府行业管理部门的角度上看,物流信息系统在于构筑政府部门协同工作的环境,实现行业及市场管理的规范化,并为宏观部门提供决策需求信息。

(4) 从企业管理角度上看,水平方向的物流信息系统贯穿于物流活动的各基本功能的实现;垂直方向的物流信息系统具有作业层、控制层和管理层三个不同层面。

(二) 物流管理信息系统的特征

(1) 服务性。物流信息系统的目的是辅助物流企业进行事务处理,并在一定程度上为管理决策提供信息支持,因此它必须具备处理大量物流数据和信息的能力,具备各种分析物流数据的分析方法,拥有各种数学和管理工程模型。

(2) 集成化。集成化是指物流信息系统将相互连接的各个物流环节联结在一起,为物流企业进行集成化的信息处理工作提供平台。

(3) 适应性。系统的适应性是指一个好的系统必须能够适应环境的变化,尽可能地做到当环境发生变化时,系统能够不需要经过太大的变化就能适应新的环境。当然物流信息系统也不例外,适应性强,系统的变化就小,用户使用时就会更加方便。

(4) 网络化。随着互联网技术的迅速发展,在物流信息系统的设计过程中也广泛地应用了网络化技术。通过 Internet 将分散在不同地理位置的物流分支机构、供应商、客户等连接起来,形成了一个信息传递与共享的信息网络,便于各方实时了解各地业务的运作情况,提高了物流活动的运作效率。

(5) 智能化。智能化是物流信息系统的发展方向,通过综合运用数据挖掘、人工智能、决策理论、知识管理及其他相关技术和方法,为物流系统运行、管理、决策提供有效支持。

(6) 综合性。物流管理信息系统不仅是一个技术系统,也是一个行为系统,还是一个社会技术系统。它涉及计算机技术、信息技术、物流管理理论、决策理论、应用数学、人工智能等相关理论和方法,是一个综合性非常强的系统。

（三）物流管理信息系统的分类

根据物流管理信息系统的侧重点不同，可将物流管理信息系统分为以下四类。

（1）以第三方物流为核心的物流管理信息系统；

（2）以企业资源计划为核心的物流管理信息系统；

（3）以客户关系管理为核心的物流管理信息系统；

（4）以供应链管理为核心的物流管理信息系统。

（四）物流管理信息系统的作用

企业通过物流管理信息系统的使用，可以把物流活动中的相关信息进行收集、存储、处理、输出，为企业领导层提供决策的依据，对整个物流活动能够起到指挥协调的作用，具体表现在以下几个方面。

（1）沟通联系。物流系统涉及很多行业、部门以及各个企业，系统内部正是通过各种指令、计划、数据、报表等物流信息，建立起纵横向的联系，沟通供应商、生产商、批发商、零售商、物流服务商以及广大消费者，以满足各方面的需要。

（2）管理控制。企业可以通过计算机信息网络、移动通信、电子数据交换、地理信息系统以及全球定位系统等现代信息技术实现物流的信息化和电子化，诸如货物实时跟踪、车辆实时跟踪、库存自动补充等，以实现物流运行、服务质量和成本的管理控制。

（3）辅助决策分析。各种物流信息是企业制定决策、方案的基础和关键依据，物流管理决策过程的本身就是对物流信息进行深加工的过程，是对物流活动的发展变化规律认识的过程。企业可以根据相关物流信息对车辆调度、库存管理、流程设计等有关作业进行合理的安排，做出科学的决策。

（4）提高物流服务水平。企业可以根据各种物流信息及时制订合理的方案，解决客户的需求，协调人力、财力、物力等物流资源的配置，为客户提供优质的服务，从而提高企业信誉，获取竞争优势。由于信息的及时、全面的获取与加工，供需双方可以充分地交互和共享信息，使得物流服务更准确，客户满意度提高。同时，顾客可以有更多自我服务功能，可以决定何时、何地、以何种方式获得定制的物流服务。另外，在提供物流服务的同时，可以为顾客提供信息、资金等双赢的增值服务。

（5）提高物流活动的有效性。在信息不充分的情况下，物流运输得不到足够的信息支持。比如，货物不必要的流动会造成资源的浪费，或者货物运输不是选择最短的途径从而造成不必要的损失。而信息充分的情况下，物流活动将容易被科学地计划和组织，从而达到物流的合理性，使整个物流活动达到最大的经济和社会效益。

（6）提高物流效益。物流系统是一个复杂的、庞大的系统，其中又分为很多的子系统，同时各系统密切地交织在一起，紧密联系。只有充分应用现代信息技术，才能使整个物流系统的运作合理化；只有提高物流系统的各环节、各子系统的信息化水平，才能提高整个物流系统的运行效率。

（7）提高物流运作的透明度。信息技术的应用使得物流过程中货物的状态和变化透明化，使得物流成本和费用的实际情况更容易被掌握，从而增强了信息的准确性。同时，由于动态信息的及时掌握,可以根据情况做出快速而有效的反应,实现物流运作的动态决策。

▲ 实训任务

任务 1.1 仓储管理信息系统应用

❖任务分析

仓储管理模块是物流管理信息系统中很重要的一个模块,本任务以易通第三方物流管理系统为例,详细介绍了仓储管理模块中的主要功能,以及在系统中这些功能的实现。

易通第三方物流管理系统中最重要的模块就是仓储管理。在"仓储管理"模块中包括了入库管理、出库管理和库存管理等栏目。

❖工作步骤

步骤一 入库管理

"入库管理"栏目包括入库委托、入库作业、入库核销和记录查询功能,如图 1-1 所示。

图 1-1 "仓储管理"模块

(1) 单击 入库委托 选项,弹出"最新委托单列表"界面,如图 1-2 所示。在此界面中单击"新增委托单"按钮,弹出新增委托单录入界面,如图 1-3 所示。

在此界面中选择"入库客户"、"入库库房",输入"入库日期",输入"备注"信息,还有其他货物明细信息,如发货单位、发货联系人等。在输入完这些信息后,单击"保存"按钮,委托单将保存在委托单列表中。

(2) 单击 入库作业 选项，进入入库作业管理界面，其中主要包括入库单明细、货物明细、打印入库单、完成等功能，如图 1-4 所示。

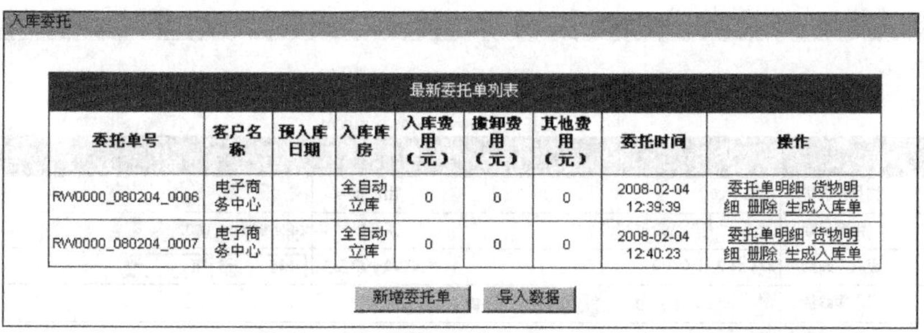
入库委托

最新委托单列表

委托单号	客户名称	预入库日期	入库库房	入库费用（元）	搬卸费用（元）	其他费用（元）	委托时间	操作
RW0000_080204_0006	电子商务中心		全自动立库	0	0	0	2008-02-04 12:39:39	委托单明细 货物明细 删除 生成入库单
RW0000_080204_0007	电子商务中心		全自动立库	0	0	0	2008-02-04 12:40:23	委托单明细 货物明细 删除 生成入库单

新增委托单　导入数据

图 1-2 “最新委托单列表”界面

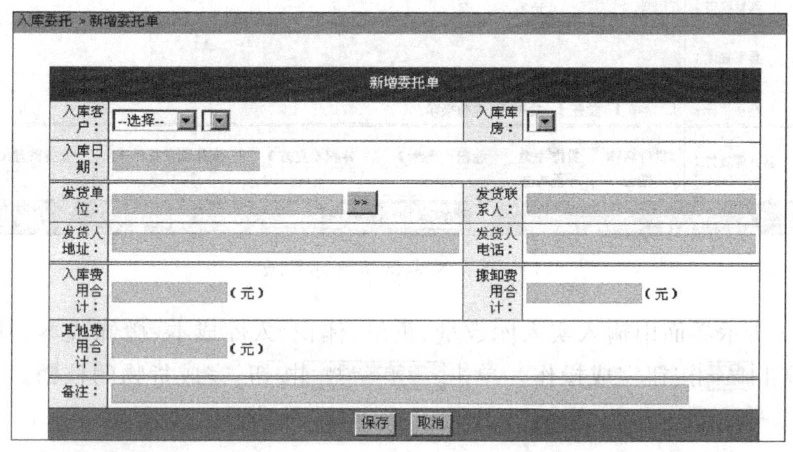
入库委托 > 新增委托单

新增委托单

入库客户：	--选择--	入库库房：	
入库日期：			
发货单位：	>>	发货联系人：	
发货人地址：		发货人电话：	
入库费用合计：	（元）	搬卸费用合计：	（元）
其他费用合计：	（元）		
备注：			

保存　取消

图 1-3 “新增委托单”录入界面

入库单打印

最新入库单

委托单号	入库单号	客户名称	入库库房	入库日期	委托受理人	入库单生成时间	操作
RW1101_060306_0002		好丽友食品	武汉好丽友仓库	2006-03-01	系统管理员	2006-03-06 11:22:19	入库单明细 货物明细 打印入库单 完成

打印操作指南

图 1-4 入库作业管理界面

(3) 单击 入库核销 选项，进入如图 1-5 所示的界面。

入库验收

待验收入库单

委托单号	入库单号	客户名称	入库库房	入库日期	操作
RW1101_060306_0002		好丽友食品	武汉好丽友仓库	2006-03-01	入库单明细 货物明细 核销本单
RW1101_060306_0001		好丽友食品	武汉好丽友仓库	2006-03-08	入库单明细 货物明细 核销本单

图 1-5 “入库验收”界面

单击“货物明细”,出现“货物明细”界面。在“货物明细”界面中,单击待核销,出现如图 1-6 所示的界面。

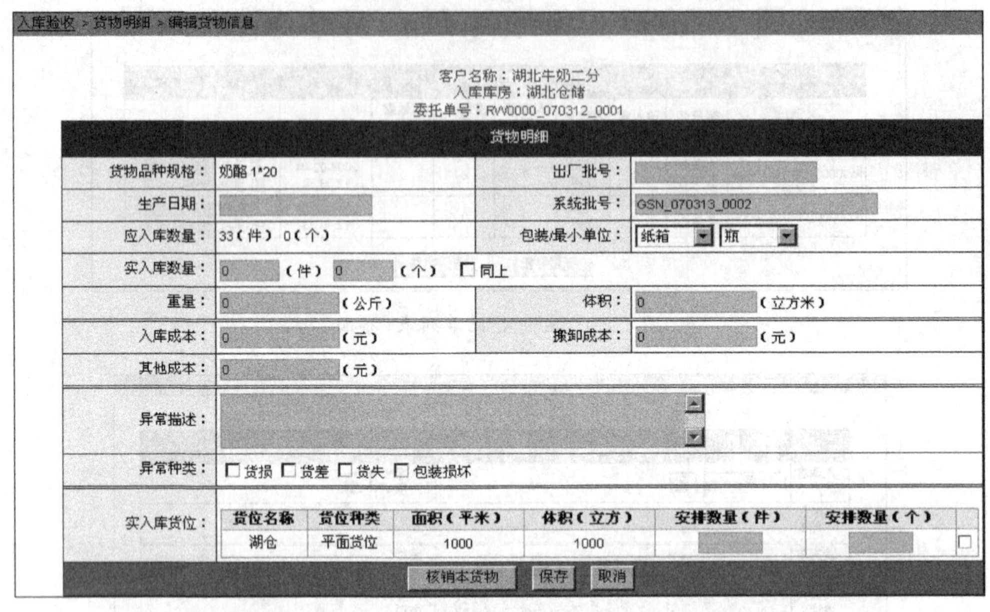

图 1-6 入库核销信息界面

在图 1-6 所示界面中输入实入库数量、重量、体积、入库成本、搬卸成本、其他成本、实入库货位,单击保存按钮完成操作。单击核销本货物按钮,完成货物的核销。

(4) 单击记录查询选项,进入“入库记录查询”界面,如图 1-7 所示。

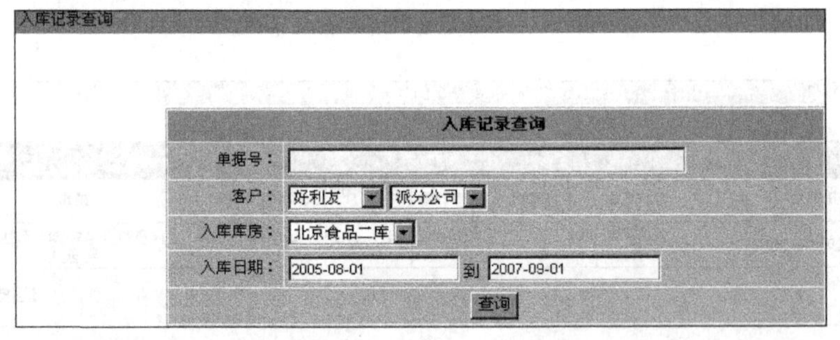

图 1-7 “入库记录查询”界面

选择客户、入库库房、入库日期,然后单击查询按钮进行查询。

步骤二 出库管理

“出库管理”栏目包括出库委托、出库作业、出库验收和记录查询功能,如图 1-8 所示。

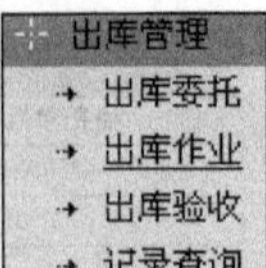

图 1-8 “出库管理”界面

(1) 单击出库委托选项进入“出库委托”界面,如图 1-9 所示。

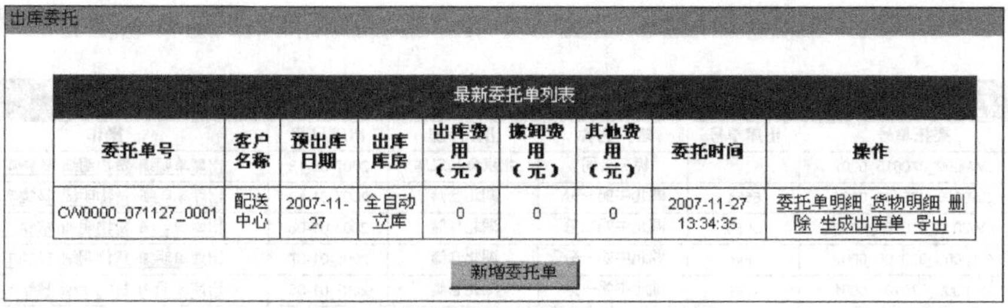

出库委托

最新委托单列表								
委托单号	客户名称	预出库日期	出库库房	出库费用（元）	搬卸费用（元）	其他费用（元）	委托时间	操作
CW0000_071127_0001	配送中心	2007-11-27	全自动立库	0	0	0	2007-11-27 13:34:35	委托单明细 货物明细 删除 生成出库单 导出

新增委托单

图 1-9 “出库委托”界面

单击 新增委托单 按钮，进入“新增委托单”界面，如图 1-10 所示。

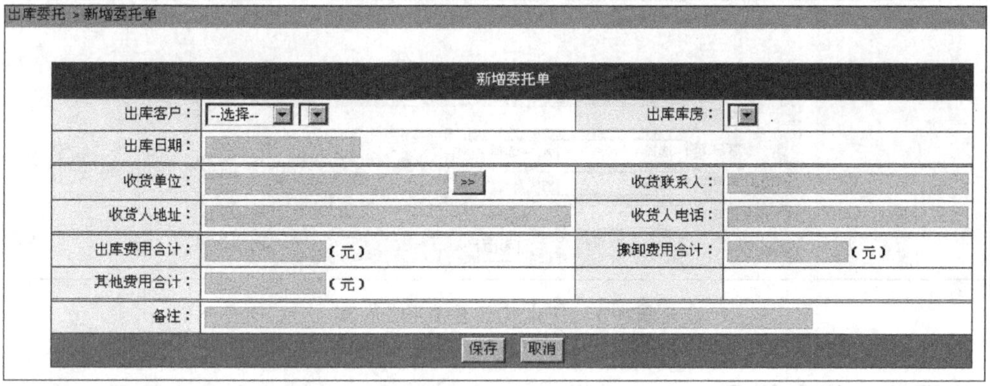

出库委托 > 新增委托单

新增委托单			
出库客户：	--选择--	出库库房：	
出库日期：			
收货单位：	>>	收货联系人：	
收货人地址：		收货人电话：	
出库费用合计：	（元）	搬卸费用合计：	（元）
其他费用合计：	（元）		
备注：			

保存 取消

图 1-10 “新增委托单”界面

该界面中包含了出库客户、出库库房、出库日期、收货单位、收货人地址、收货人电话等信息，填写保存后储存在“最新委托单列表”中。收货单位是指出库客户的客户。收货人地址是指出库客户的客户的地址。单击保存按钮，完成出库委托单填写。

(2) 单击 出库作业 选项，进入“出库单打印”界面，如图 1-11 所示。

出库单打印

最新出库单							
委托单号	出库单号	客户名称	出库库房	出库日期	委托受理人	出库单生成时间	操作
CW0000_070813_0001		派分公司	北京食品二库	2007-08-13	系统管理员	2007-08-13 11:17:35	出库单明细 货物明细 打印出库单 完成
CW0000_070313_0001		湖北牛奶二分	湖北仓储	2007-03-08	孟宏宇	2007-03-13 15:22:46	出库单明细 货物明细 打印出库单 完成

打印操作指南

图 1-11 “出库单打印”界面

该列表的操作栏中显示了出库单明细、货物明细、打印出库单、完成等操作。

(3) 单击 出库验收 选项，进入“出库验收”界面，如图 1-12 所示。

(4) 单击 记录查询 选项进入“出库记录查询”界面，如图 1-13 所示。

选择客户、出库库房，输入出库日期，然后单击查询按钮进行查询。

出库验收

待验收出库单					
委托单号	出库单号	客户名称	出库库房	出库日期	操作
CW0000_070813_0001		派分公司	北京食品二库	2007-08-13	出库单明细 货物明细 核销本单
CW0000_070108_0004	5554	湖北牛奶一分	湖北仓储	2007-01-12	出库单明细 货物明细 核销本单
CW0000_070108_0003	5555	湖北牛奶二分	湖北仓储	2007-01-08	出库单明细 货物明细 核销本单
CW0000_070108_0002	uuu	湖北牛奶一分	湖北仓储	2007-01-07	出库单明细 货物明细 核销本单
CW0000_070108_0001	yyyy	湖北牛奶一分	湖北仓储	2007-01-05	出库单明细 货物明细 核销本单

图 1-12 “出库验收”界面

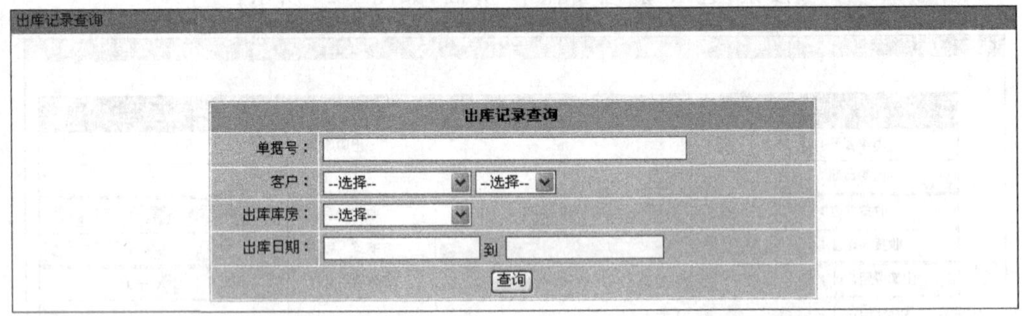

图 1-13 “出库记录查询”界面

步骤三 库存管理

“库存管理”栏目包括盘库管理、移库管理和库存调整功能，如图 1-14 所示。

(1) 单击 盘库管理 选项，进入“盘库计划”界面，如图 1-15 所示。

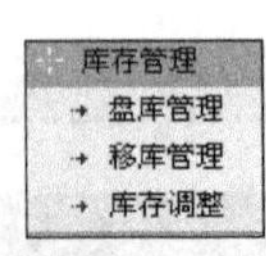

图 1-14 “库存管理”界面

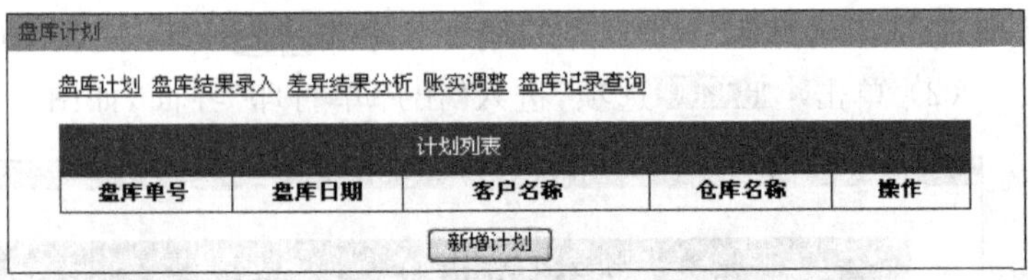

图 1-15 “盘库计划”界面

单击“新增计划”按钮，进入新增盘库计划界面，如图 1-16 所示。

单击“保存”按钮，对盘库计划信息进行保存，最终信息将显示在盘库计划列表中。

(2) 单击 移库管理 选项，进入货物移库界面，如图 1-17 所示。

(3) 单击 库存调整 选项，进入“库存调整记录”界面，显示每次库存调整的记录信息，如图 1-18 所示。

单击图 1-1 中的 客户货物库存 选项，进入“客户货物库存查询”界面，如图 1-19 所示。

单击 查询 按钮后，得到库存记录列表，可查看入库和出库记录。

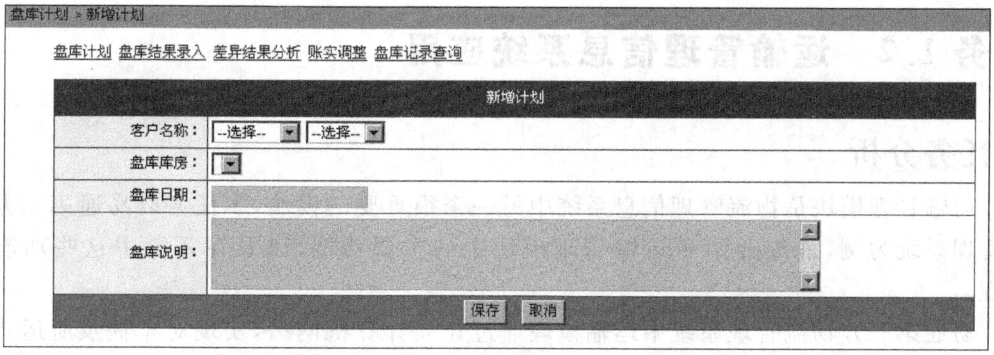

盘库计划 > 新增计划

盘库计划 盘库结果录入 差异结果分析 账实调整 盘库记录查询

新增计划

客户名称： --选择-- --选择--

盘库库房：

盘库日期：

盘库说明：

保存 取消

图 1-16 新增盘库计划界面

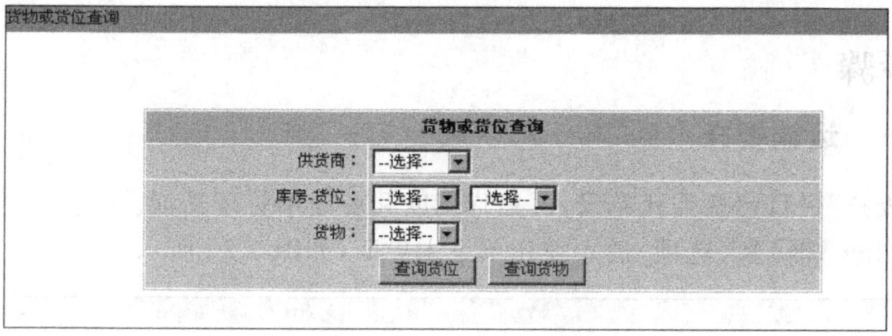

货物或货位查询

货物或货位查询

供货商： --选择--

库房-货位： --选择-- --选择--

货物： --选择--

查询货位 查询货物

图 1-17 货物移库界面

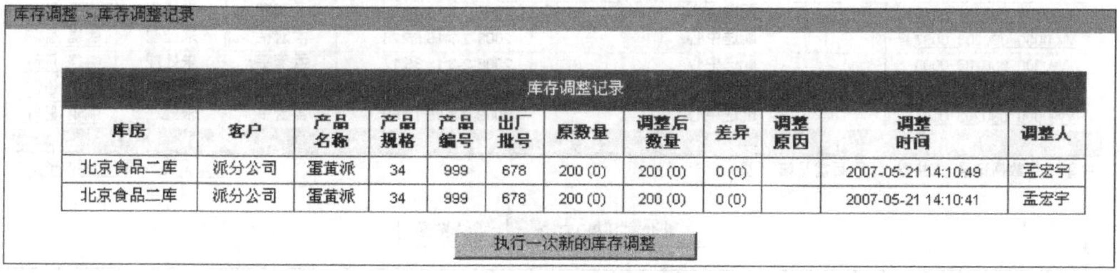

库存调整 > 库存调整记录

库存调整记录

库房	客户	产品名称	产品规格	产品编号	出厂批号	原数量	调整后数量	差异	调整原因	调整时间	调整人
北京食品二库	派分公司	蛋黄派	34	999	678	200 (0)	200 (0)	0 (0)		2007-05-21 14:10:49	孟宏宇
北京食品二库	派分公司	蛋黄派	34	999	678	200 (0)	200 (0)	0 (0)		2007-05-21 14:10:41	孟宏宇

执行一次新的库存调整

图 1-18 “库存调整记录”界面

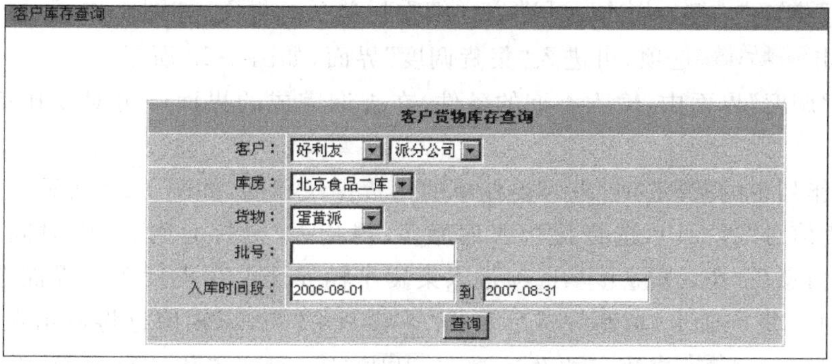

客户库存查询

客户货物库存查询

客户： 好利友 派分公司

库房： 北京食品二库

货物： 蛋黄派

批号：

入库时间段： 2006-08-01 到 2007-08-31

查询

图 1-19 “客户货物库存查询”界面

任务 1.2　运输管理信息系统应用

❖任务分析

运输管理模块是物流管理信息系统中另一个很重要的模块,本任务以易通第三方物流管理系统为例,详细介绍了运输管理模块中的主要功能,以及在系统中这些功能的实现。

易通第三方物流管理系统中运输模块通过建立计算机网络,实现对车辆及所运货物的追踪管理。在“运输管理”模块中包括了运输委托、运输订单、运输调度、运输监控、单据核销和运输综合查询栏目。

❖工作步骤

步骤一　运输委托

“运输委托”栏目包括委托单录入、集货调度和委托单管理功能。

(1) 单击 → 委托单录入 选项,进入委托单录入界面,如图 1-20 所示。

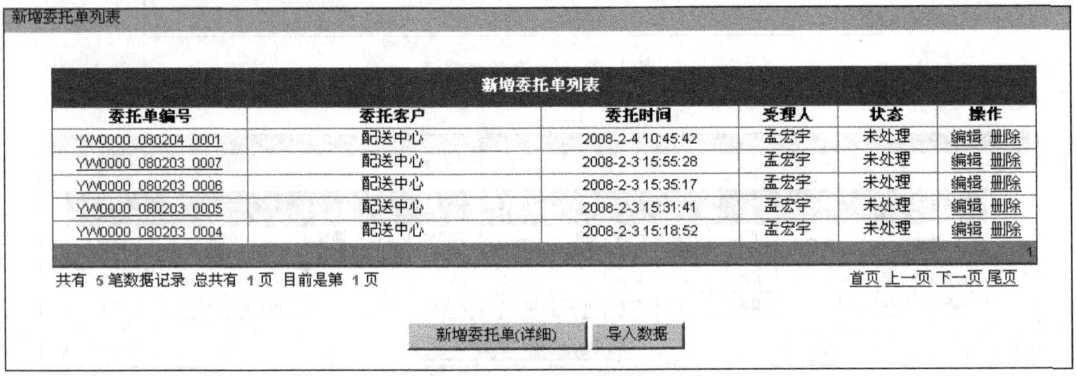

新增委托单列表

新增委托单列表

委托单编号	委托客户	委托时间	受理人	状态	操作
YW0000_080204_0001	配送中心	2008-2-4 10:45:42	孟宏宇	未处理	编辑 删除
YW0000_080203_0007	配送中心	2008-2-3 15:55:28	孟宏宇	未处理	编辑 删除
YW0000_080203_0006	配送中心	2008-2-3 15:35:17	孟宏宇	未处理	编辑 删除
YW0000_080203_0005	配送中心	2008-2-3 15:31:41	孟宏宇	未处理	编辑 删除
YW0000_080203_0004	配送中心	2008-2-3 15:18:52	孟宏宇	未处理	编辑 删除

1

共有 5 笔数据记录 总共有 1 页 目前是第 1 页　　首页 上一页 下一页 尾页

新增委托单(详细)　导入数据

图 1-20　委托单录入界面

单击 新增委托单(详细) 按钮,可进入详细委托单录入界面,如图 1-21 所示。

(2) 单击 → 集货调度 选项,可进入“集货调度”界面,如图 1-22 所示。

在“集货调度”界面中,输入查询的条件,在查询完成的界面中可对委托单进行集货、调度等操作。

单击操作列中的集货选项,进入委托单的集货操作界面,如图 1-23 所示。

在“集货信息”界面中,选择提货入库库房、提货人、提货时间、入库时间、备注信息。选择完这些信息后,单击添加提货车辆选项进入集货车辆界面。在集货车辆界面选择车辆,填写随车记录单、集货成本,填写完成后单击 添加车辆 按钮,车辆信息将显示在该界面的右下方,如有误可通过删除来进行操作。单击 返回 按钮,回到集货信息界面,在该界面中单击 做完成 按钮,完成集货操作。

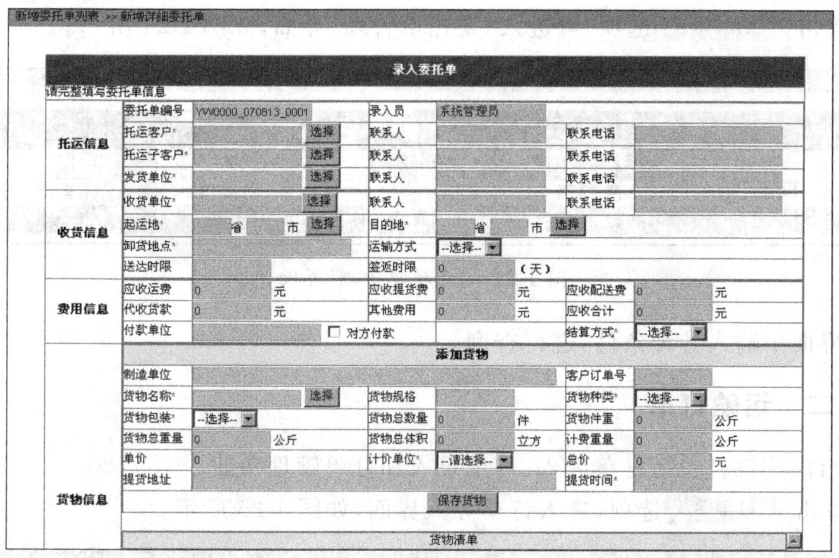
新增委托单列表 >> 新增详细委托单

录入委托单

请完整填写委托单信息

托运信息	委托单编号	YW0000_070813_0001	录入员	系统管理员		
	托运客户*	选择	联系人		联系电话	
	托运子客户*	选择	联系人		联系电话	
	发货单位*	选择	联系人		联系电话	
收货信息	收货单位*	选择	联系人		联系电话	
	起运地*	省 市 选择	目的地*	省 市 选择		
	卸货地点*		运输方式	--选择--		
	送达时限		签返时限	0 (天)		
费用信息	应收运费	0 元	应收提货费	0 元	应收配送费	0 元
	代收货款	0 元	其他费用	0 元	应收合计	0 元
	付款单位	□ 对方付款			结算方式*	--选择--
货物信息	添加货物					
	制造单位				客户订单号	
	货物名称*	选择	货物规格		货物种类*	--选择--
	货物包装*	--选择--	货物总数量	0 件	货物件重	0 公斤
	货物总重量	0 公斤	货物总体积	0 立方	计费重量	0 公斤
	单价	0	计价单位*	--请选择--	总价	0 元
	提货地址				提货时间*	
	保存货物					
	货物清单					

图 1-21 详细委托单录入界面

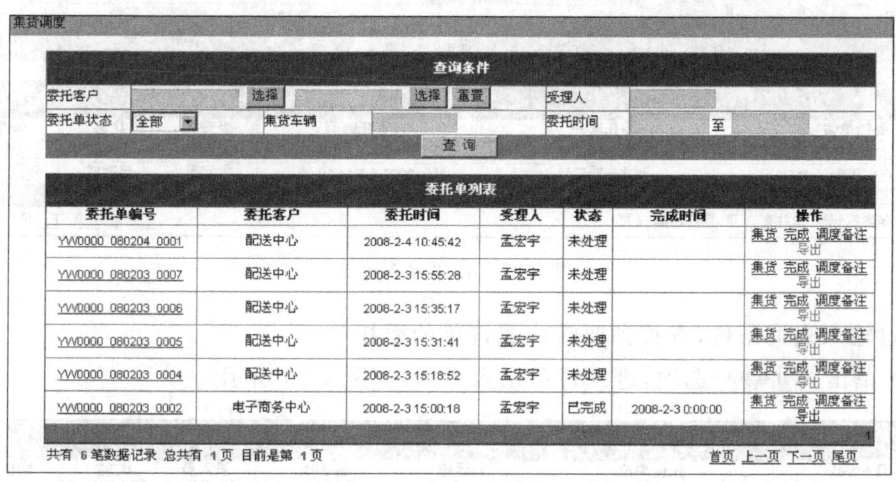
集货调度

查询条件

委托客户 [选择] [选择] [重置] 受理人

委托单状态 全部 集货车辆 委托时间 至

[查询]

委托单列表

委托单编号	委托客户	委托时间	受理人	状态	完成时间	操作
YW0000_080204_0001	配送中心	2008-2-4 10:45:42	孟宏宇	未处理		集货 完成 调度备注 导出
YW0000_080203_0007	配送中心	2008-2-3 15:55:28	孟宏宇	未处理		集货 完成 调度备注 导出
YW0000_080203_0006	配送中心	2008-2-3 15:35:17	孟宏宇	未处理		集货 完成 调度备注 导出
YW0000_080203_0005	配送中心	2008-2-3 15:31:41	孟宏宇	未处理		集货 完成 调度备注 导出
YW0000_080203_0004	配送中心	2008-2-3 15:18:52	孟宏宇	未处理		集货 完成 调度备注 导出
YW0000_080203_0002	电子商务中心	2008-2-3 15:00:18	孟宏宇	已完成	2008-2-3 0:00:00	集货 完成 调度备注 导出

共有 6 笔数据记录 总共有 1 页 目前是第 1 页 首页 上一页 下一页 尾页

图 1-22 “集货调度”界面

集货信息

委托单编号	YW0000_070405_0006	受理人	孟宏宇
提货入库库房*	北京食品二库	提货人	
提货时间*	2007-08-13 0 时 0 分	入库时间*	2007-08-13 0 时 0 分
备注			

提货车辆列表 添加提货车辆

承运商	承运商电话	车牌号	随车记录单	司机姓名	司机电话	提货成本	操作
太平洋汽车租赁公司	1234588	晋A0012	dfdfs	成成	698745	454	删除

提货成本总计：454 元

[保存] [做完成] [返回]

图 1-23 集货操作界面

(3) 单击 → 委托单管理 选项,可进入“委托单管理”界面,如图 1-24 所示。

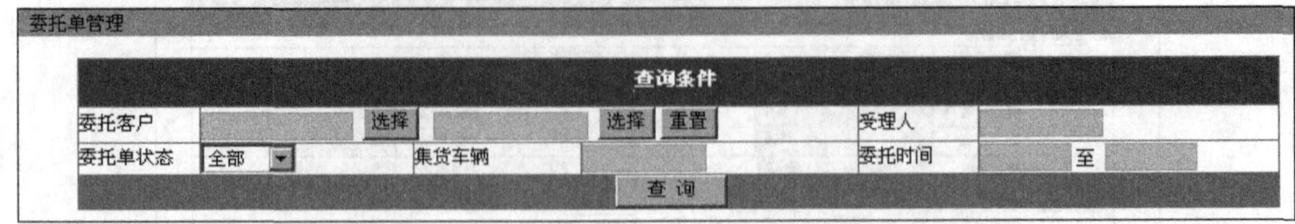

图 1-24 “委托单管理”界面

在该界面中输入各种条件,进行查询。

步骤二 运输订单

“运输订单”栏目包括订单导入、订单录入和订单管理功能。

(1) 单击 → 订单导入 选项,进入订单导入界面,如图 1-25 所示。

查询条件

委托客户 [ ] 选择 [ ] 选择 重置 受理人 [ ]

查询时间 [ ] 至 [ ] 车牌号 [ ]

查 询

委托单列表

委托单编号	委托客户	委托时间	受理人	状态	操作
YW0000_070405_0009	湖北牛奶二分	2007-4-5 14:27:20	孟宏宇	已完成	转为订单
YW0000_070405_0006	湖北牛奶二分	2007-4-5 14:10:29	孟宏宇	已完成	转为订单

共有 2 笔数据记录 总共有 1 页 目前是第 1 页 首页 上一页 下一页 尾页

图 1-25 订单导入界面

通过输入查询条件,查找到要转换成订单的委托单。

(2) 单击 → 订单录入 选项,进入订单录入界面,如图 1-26 所示。

新增订单列表

订单编号	托运单位	起运地	目的地	录入员	状态	操作
YD0000_070329_0006	湖北牛奶二分	宁河县	武川县	孟宏宇	未处理	编辑 删除
YD0000_070329_0004	湖北牛奶二分	井陉县	宁河县	孟宏宇	未处理	编辑 删除

共有 2 笔数据记录 总共有 1 页 目前是第 1 页 首页 上一页 下一页 尾页

新增订单

图 1-26 订单录入界面

单击操作列中的 编辑 可对已存在的订单进行修改,单击操作列中的 删除,可删除已存在的订单。

(3) 单击 → 订单管理 选项,进入订单管理界面,如图 1-27 所示。

在订单管理界面中输入查询条件,单击 查询 按钮,进入查询结果界面。

查询条件			
客户订单号		托运单位	选择 选择 重置
起运地	省 市 选择	目的地	省 市 选择
查询日期	至	订单状态	全部
查询			

图 1-27　订单管理界面

步骤三　运输调度

“运输调度”栏目包括调度运单、调度路单、运单管理和路单管理功能。

(1) 单击 → 调度运单 选项，进入调度运单界面，如图 1-28 所示。

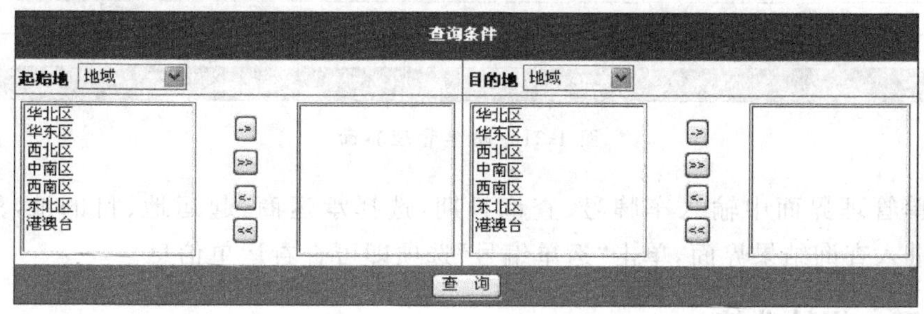

图 1-28　调度运单界面

在该界面中选择起始地、目的地，然后单击查询按钮，进入查询结果界面。在未调度订单列表中选择一种货物信息，相应的信息将显示在右侧的运单相应的信息项中，未填写完毕的可通过选择、输入来使订单完整。订单主要包括的信息有运单信息、承运信息、费用信息、货物信息。填写完毕后在货物信息项中单击添加按钮，货物信息将被保存。

(2) 单击 → 调度路单 选项，进入调度路单界面，如图 1-29 所示。

查询条件			
车牌号		承运商	全部
起运地	省 市 选择	目的地	省 市 选择
查询日期	至		
查询			

图 1-29　调度路单界面

在该界面中输入查询条件，单击查询按钮进入查询结果界面。在已调度货物列表中单击保存运单按钮，运单信息将被保存。选择该界面中的选项，然后单击生成路单按钮，填写路单编号、起运地、目的地、起运时间、到达时间、运送重量、燃油定额、机油定额、距离，然后单击保存路单按钮，即可生成相应的路单。

(3) 单击 → 运单管理 选项进入运单管理界面，如图 1-30 所示。

在该界面中选择起运地、目的地、运单状态、托运单位，输入查询日期、车牌号、交接运单号、客户订单号，然后单击查询按钮，进入查询结果界面，在运单列表中显示运单信息。只有状态为“已调度”的运单才可以被删除。

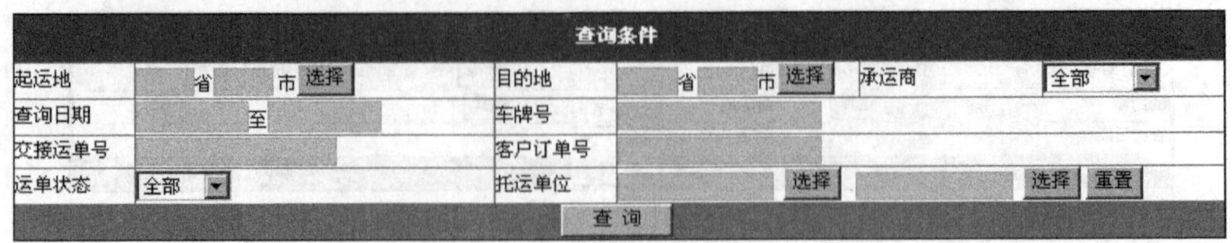

图 1-30　运单管理界面

(4) 单击 路单管理 选项进入路单管理界面,如图 1-31 所示。

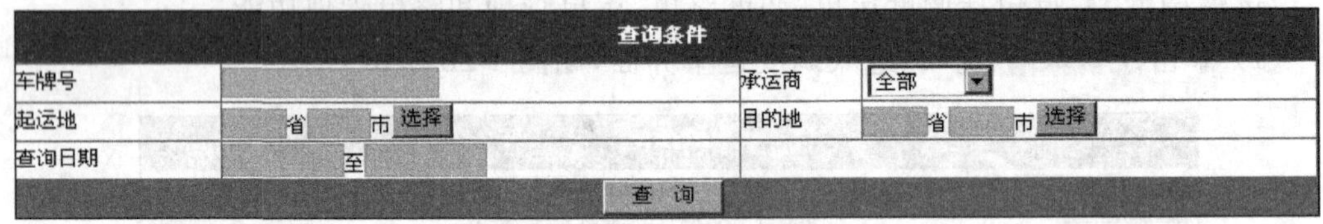

图 1-31　路单管理界面

在路单管理界面中输入车牌号、查询日期,选择承运商、起运地、目的地,然后单击 查询 按钮进入查询结果界面,单击"运单编号"选项即可查看运单信息。

步骤四　运输监控

"运输监控"栏目包括在途跟踪和跟踪记录查询功能。

(1) 单击 在途跟踪 选项进入在途跟踪界面,如图 1-32 所示。

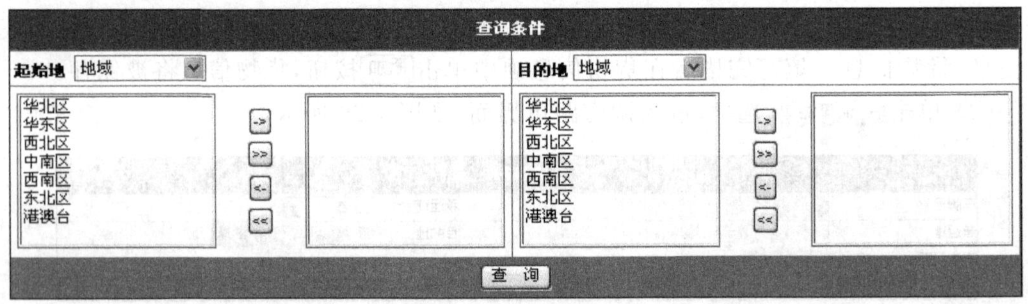

图 1-32　在途跟踪界面

选择起始地、目的地,然后单击 查询 按钮,进入查询结果界面。在"在途监控"界面中,通过"跟踪运单"或者"跟踪车辆"选项来进行在途监控的操作。在"在途监控"界面的左上角显示四个标签页:正常、未跟踪、异常和预警。在途监控信息由客服人员通过电话跟踪客户后录入,客户可以通过登录客户平台系统看到自己当前货物的情况。填写完这些信息后,单击 跟踪完成 按钮,完成跟踪操作。

(2) 单击 跟踪记录查询 选项,进入跟踪记录查询界面,如图 1-33 所示。

在查询界面中选择条件,单击 查询 按钮,进入查询结果界面,可以进行跟踪记录查询。

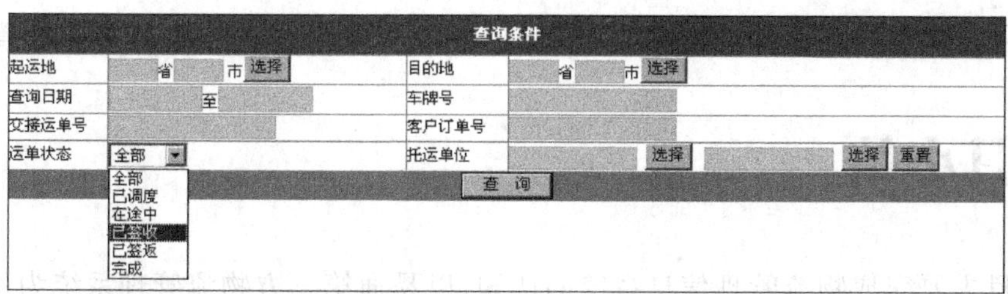

图 1-33　跟踪记录查询界面

步骤五　单据核销

单据核销包括签单处理和路单核销功能。

（1）单击 → 签单处理 选项，进入签单处理界面，如图 1-34 所示。

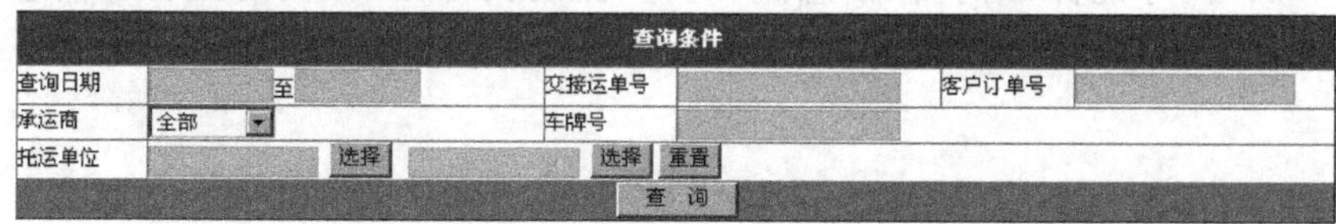

图 1-34　签单处理界面

在该界面中选择输入条件，然后单击查询按钮，进入查询结果界面。单击运单状态为"已签收"操作列中的签收选项进入运单签收界面，在该界面中输入货物明细、签收信息、签收人意见，输入完毕后单击保存按钮，对运单的签收信息进行保存。

（2）单击 → 路单核销选项进入路单核销界面，如图 1-35 所示。

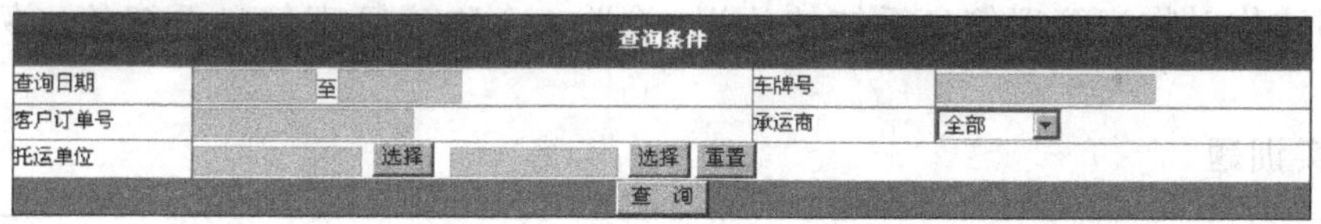

图 1-35　路单核销界面

在查询界面中选择查询条件，单击查询按钮，进入查询结果界面。单据有已调度、在途中、已签收、已签返、完成等状态。单击操作列中的核销选项进入路单核销界面，在该界面中输入空驶里程、燃油实际消耗、机油的实际消耗，填写完毕后，单击"保存核销记录"按钮，完成路单的核销操作。

步骤六　运输综合查询

单击 → 分公司综合查询 选项，可进入分公司综合查询界面，如图 1-36 所示。

查询条件
查询日期　至　公司　--请选择--
起运地　省　市　选择　目的地　省　市　选择
系统单号　单据类型*　--请选择--
查　询

图 1-36　分公司综合查询界面

在查询界面中选择查询条件,单击查询按钮,进入查询结果界面,即可进行查询。

▲ 项目小结

本项目主要完成物流管理信息系统的认知,以易通第三方物流管理系统为例,详细介绍了仓储管理模块和运输管理模块的流程。现代物流涉及原材料供应商、生产制造商、批发商、零售商及最终消费者,这就使现代物流必须涉及市场流通的全过程:一是商流,即商品的流动;二是信息流,即信息的流动;三是资金流,即资金的流动。商品的流动要及时准确地到达消费者,离不开前期的信息流动,资金有效及时回笼也离不开信息的及时反馈。所以,在现代物流中,信息构成了物流的中枢神经,具有非常重要的地位。只有信息快速、准确和及时,才能保证商流、信息流和资金流的良性循环,而物流管理信息系统的有效、合理则保证了信息的准确、及时性。

▲ 思考与练习

一、简答题

1. 简述信息与数据的关系。

2. 物流信息有什么特点?

3. 什么是物流管理信息系统?

4. 阐述你对物流管理信息系统的认识,并举一个物流管理信息系统的实例,说明其功能。

二、实训题

实训名称	确定一个物流企业,规划设计一个仓储管理信息系统,并进行初步的企业调研,了解该企业的仓储业务流程。	
实训日期	年 月 日	
实训目的	通过练习,真实地分析一个企业仓储业务流程,掌握物流管理信息系统的实际应用,并为后期开发一个仓储管理系统做好准备。	
实训内容	1. 物流企业的组织机构	
	2. 仓库中应用的物流信息技术有哪些	
	3. 仓储业务流程	
	4. 仓储主要功能模块有哪些	
	5. 仓库中的人员构成	
	6. 物流企业仓储调研报告	
参考资料	相关书籍与网站名称	

项目二
物流信息技术应用

▲ 学习目标

- 掌握条形码技术的相关知识，正确粘贴各类包装的条形码标签；
- 掌握 GPS（全球定位系统）车载设备的安装及知识；
- 掌握 RFID（射频识别技术）知识；
- 掌握 GIS（地理信息系统）技术；
- 掌握 EDI（电子数据交换）技术。

▲ 项目描述

运用学习的条形码知识，掌握商品条形码位置的选择，并能正确粘贴条形码。熟悉 GPS 车载设备的安装及知识，并学习射频识别技术、GIS 货物动态跟踪技术以及电子数据交换技术。

▲ 专业知识

一、条形码技术

1. 条形码的概念

条形码是由一组规则排列的条、空及其对应字符组成的标记,用以表示一定的信息。条形码通常用来对物品进行标识,这个物品可以是用来进行交易的一个贸易项目,也可以是一个物流单元,还可以用来标识资产、位置和服务关系等。

条形码的码制是指条形码符号的类型,每种类型的条形码符号都是由符合特定编码规则的条和空组合而成。每种码制都具有固定的编码容量和所规定的条形码字符集。条形码字符中字符总数不能大于该种码制的编码容量。

字符集是指某种码制的条形码符号可以表示的字母、数字和符号的集合。有些码制仅能表示10个数字字符0～9,如EAN/UPC条形码;有些码制除了能表示10个数字字符外,还可以表示几个特殊字符,如库德巴条形码。39条形码可表示数字字符0～9、26个英文字母A～Z以及一些特殊符号。

条形码符号的连续性是指每个条形码字符之间不存在间隔;非连续性是指每个条形码字符之间存在间隔。

定长条形码是指条形码字符个数固定的条形码,仅能表示固定字符个数的代码;非定长条形码是指条形码字符个数不固定的条形码,能表示可变字符个数的代码。

条形码符号的双向可读性是指从左、右两侧开始扫描都可被识别的特性。

条形码符号的自校验特性是指条形码字符本身具有校验特性。

条形码密度是指单位长度条形码所表示条形码字符的个数。

条形码质量是指条形码的印刷质量。

2. 条形码符号的结构

一个完整的条形码符号是由两侧空白区、起始字符区、数据字符、校验字符(可选)和终止字符以及供人识读字符组成,如图2-1所示。

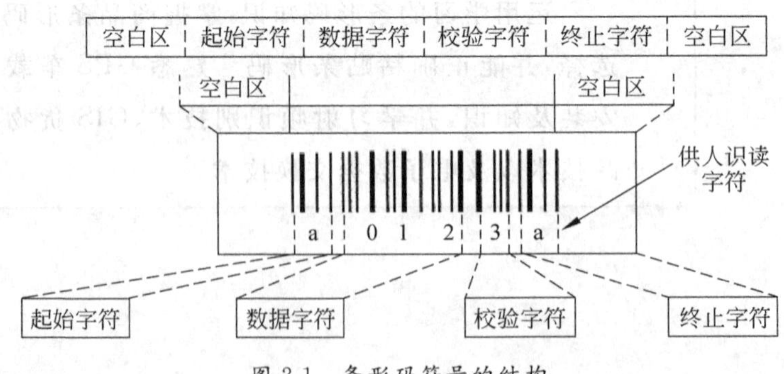

图2-1 条形码符号的结构

相关术语解释如下。

(1) 空白区(clear area)：条形码起始字符、终止字符两端外侧与空的反射率相同的限定区域。

(2) 起始字符(start character; start cipher; start code)：起始字符位于条形码起始位置的若干条与空。

(3) 终止字符(stop character; stop cipher; stop code)：终止字符位于条形码终止位置的若干条与空。

(4) 条形码数据字符(bar code character set)：条形码数据字符表示特定信息的条形码字符。

(5) 条形码校验字符(bar code check character)：条形码校验字符表示校验码的条形码字符。

(6) 供人识读的字符：供人识读的字符位于条形码字符的下方，与相应的条形码字符相对应的、用于供人识别的字符。

3. 条形码技术特点

条形码技术作为一种图形识别技术与其他技术相比有如下特点。

(1) 简单。条形码符号制作容易，扫描操作简单易行。

(2) 信息采集速度快。普通计算机键盘录入速度是200字符/分钟，利用条形码扫描的录入速度是键盘录入速度的20倍。

(3) 采集信息量大。利用条形码扫描，依次可以采集几十位字符的信息，而且可以通过选择不同码制的条形码增加字符密度，使采集的信息量成倍增加。

(4) 可靠性强。键盘录入数据的误码率为三百分之一，利用光学字符识别技术的误码率约为万分之一。采用条形码扫描录入方式的误码率仅为百万分之一，首读率可达98%以上。

(5) 使用灵活。条形码符号作为一种识别手段可以单独使用，也可以和有关设备组成识别系统实现自动化识别，还可以和其他控制设备联系起来实现整个系统的自动化管理。同时，在没有自动识别设备时，也可以实现手工键盘输入。

(6) 自由度大。识别装置与条形码标签相对位置的自由度要比光学字符识别(OCR)大得多。

(7) 设备结构简单、成本低。条形码符号识别设备的结构简单，容易操作，无须专门训练。与其他自动化技术相比，推广应用条形码技术所需费用较低。

4. 条形码分类

条形码按照不同的分类方法、不同的编码规则可以分成许多种，现在已知的、正在使用的条形码就有250种之多。条形码的分类方法有许多种，主要依据条形码的编码结构和条形码的性质来决定。例如，就一维条形码来说，按条形码的长度来分，可分为定长和非定长条形码；按排列方式分，可分为连续型和非连续型条形码；按校验方式分，又可分为自校验和非自校验条形码等。

条形码可分为一维条形码和二维条形码。

一维条形码是通常所说的传统条形码。一维条形码只是在一个方向(一般是水平方向)表达信息,在垂直方向则不表达任何信息,其一定的高度通常是为了便于阅读器的对准。一维条形码的应用可以提高信息录入的速度,减少差错率,但是一维条形码也存在一些不足之处:数据容量较小,只能存储30个字符左右,只能包含字母和数字,条形码尺寸相对较大(空间利用率较低)、条形码遭到损坏后便不能阅读。一维条形码按照应用可分为商品条形码和物流条形码。商品条形码包括EAN码和UPC码,物流条形码包括128码、ITF码、39码、库德巴(Codabar)码等。

二维条形码是在水平方向和垂直方向的二维空间存储信息的条形码。与一维条形码一样,二维条形码也有许多不同的编码方法,称为码制。就这些码制的编码原理而言,通常可分为以下两种类型:一类是行排式二维条形码(2D stacked bar code);另一类是矩阵式二维条形码(2D matrix bar code)。行排式二维条形码(又称堆积式二维条形码或层排式二维条形码),其编码原理是建立在一维条形码基础之上,按需要堆积成两行或多行。它在编码设计、校验原理、识读方式等方面继承了一维条形码的一些特点,识读设备与条形码印刷同一维条形码技术兼容。有代表性的行排式二维条形码有:Code 16K、Code 49、PDF417等。矩阵式二维条形码(又称棋盘式二维条形码)是在一个矩形空间通过黑、白像素在矩阵中的不同分布进行编码。在矩阵相应元素位置上,用点(方点、圆点或其他形状)的出现表示二进制"1",点的不出现表示二进制的"0",点的排列组合确定了矩阵式二维条形码所代表的意义。矩阵式二维条形码是建立在计算机图像处理技术、组合编码原理等基础上的一种新型图形符号自动识读处理码制。具有代表性的矩阵式二维条形码有:Code One、Maxi Code、QR Code、Data Matrix等。

5. 常见条形码

条形码种类很多,常见的有二十多种码制,表2-1是几种常见条形码的简单对比。

表2-1　几种常见条形码的简单对比

类　型	连续型	定长	自校验	识读方向	字符集	字符构成
25条形码	非				0～9	每个字符由5个条组成,其中有2个条为宽单元,其余的条和空,字符间隔是窄单元
交叉25条形码	是	非	有	双向	0～9	每个字符由5个单元组成,其中2个宽单元(用二进制"1"表示),3个窄单元(用二进制"0"表示)
39条形码	非	非	有	双向	0～9;A～Z;特殊字符	每个字符由9个单元组成(5个条单元和4个空单元),其中3个单元是宽单元(用二进制"1"表示),其余是窄单元(用二进制"0"表示)
库德巴条形码	非	非	有	双向	0～9;A～D;特殊字符	每个字符由7个单元组成(4个条单元和3个空单元),其中2个或3个是宽单元(用二进制"1"表示),其余是窄单元(用二进制"0"表示)

商品条形码是最常使用的条形码,下面进行详细介绍。

1) 商品条形码的符号特征

如图2-2所示,商品条形码具有以下共同的符号特征。

(1) 条形码符号的整体形状为矩形,由一系列互相平行的条和空组成,四周都留有空白区。

(2) 采用模块组合法编码方法，条和空分别由1～4个深或浅颜色的模块组成。深色模块表示"1"，浅色模块表示"0"。

(3) 在条形码符号中，表示数字的每个条形码字符仅由两个条或两个空组成，共7个模块。

图 2-2 商品条形码符号

(4) 除了表示数字的条形码字符外，还有一些辅助条形码字符，用作表示起始、终止的分界符和平分条形码符号的中间分隔符。

(5) 条形码符号可设计成既可供固定式扫描器全向扫描，又可用手持扫描设备识读的形式。

(6) 条形码符号的大小可在放大系数0.8～0.2所决定的尺寸之间变化，以适应各种印刷工艺印制合格条形码符号及用户对印刷面积的要求。

2) 商品条形码的符号表示

商品条形码是商品表示代码的载体，是商品标识代码的图形化符号。商品条形码包括四种形式的条形码符号：EAN-13、EAN-8、UPC-A 和 UPC-E。

(1) EAN-13 商品条形码的结构。EAN-13 商品条形码是表示 EAN/UCC-13 商品标识代码的条形码符号，由左侧空白区、起始符、左侧数据符、中间分隔符、右侧数据符、校验符、终止符、右侧空白区及供人识别字符组成，如图 2-3 所示。EAN-13 各组成部分的模块数如图 2-4 所示。

图 2-3 EAN-13 商品条形码符号结构

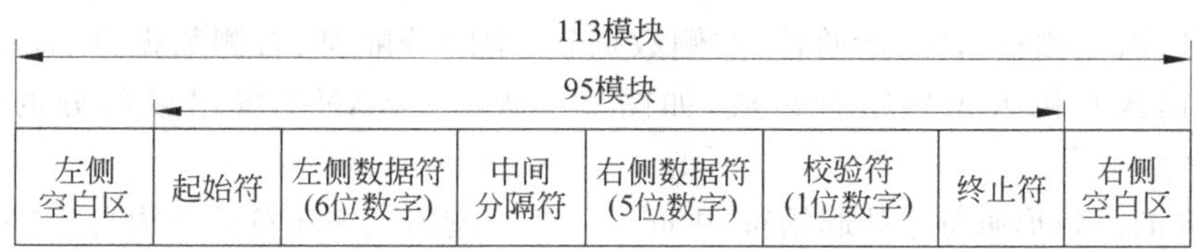

图 2-4 EAN-13 商品条形码符号构成示意图

• 左侧空白区：位于条形码符号最左侧与空的反射率相同的区域，其最小宽度为11个模块宽。

- 起始符：位于条形码符号左侧空白区的右侧，表示信息开始的特殊符号，由 3 个模块组成。
- 左侧数据符：位于起始符右侧，表示 6 位数字信息的一组条形码字符，由 42 个模块组成。
- 中间分隔符：位于左侧数据符的右侧，是平分条形码字符的特殊符号，由 5 个模块组成。
- 右侧数据符：位于中间分隔符右侧，表示 5 位数字信息的一组条形码字符，由 35 个模块组成。
- 校验符：位于右侧数据符的右侧，表示校验码的条形码字符，由 7 个模块组成。
- 终止符：位于条形码符号校验符的右侧，表示信息结束的特殊符号，由 3 个模块组成。
- 右侧空白区：位于条形码符号最右侧的与空的反射率相同的区域，其最小宽度为 7 个模块宽。为保护右侧空白区的宽度，可在条形码符号右下角加“>”符号。“>”的位置如图 2-5 所示。

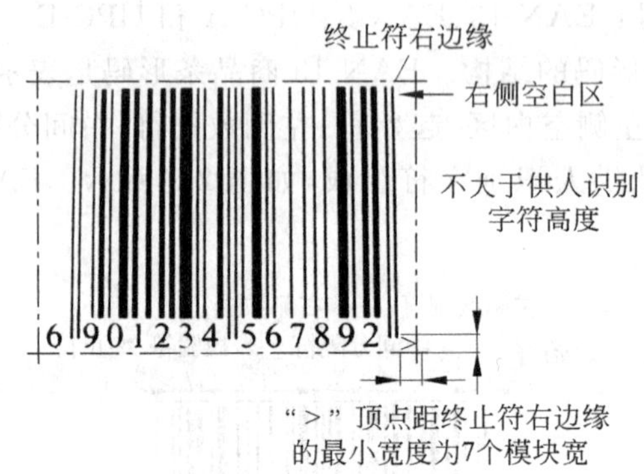

图 2-5 EAN-13 右侧空白区“>”的位置

- 供人识别字符：位于条形码符号的下方，是与条形码字符相对应的供人识别的 13 位数字，最左边一位称前置码。供人识别字符优先选用 OCR-B 字符集，字符顶部和条形码底部的最小距离为 0.5 个模块宽。标准版商品条形码中的前置码印制在条形码符号起始符的左侧。

(2) EAN-8 商品条形码。EAN-8 商品条形码是表示 EAN/UCC-8 商品标识代码的条形码符号，由左侧空白区、起始符、左侧数据符、中间分隔符、右侧数据符、校验符、终止符、右侧空白区及供人识别字符组成，如图 2-6 所示。EAN-8 各组成部分的模块数如图 2-7 所示。

EAN-8 商品条形码符号的起始符、中间分隔符、校验符、终止符的结构与 EAN-13 相同。

EAN-8 商品条形码符号的左侧空白区与右侧空白区的最小宽度均为 7 个模块宽；供人识别的 8 位数字的位置基本与 EAN-13 相同，但没有前置码，即最左边的一位数字用对应的条形码符号表示；为保护左右侧空白区的宽度，一般在条形码符号左、右下角分别加“<”和“>”符号，“<”和“>”符号的位置如图 2-8 所示。

图 2-6　EAN-8 商品条形码符号结构

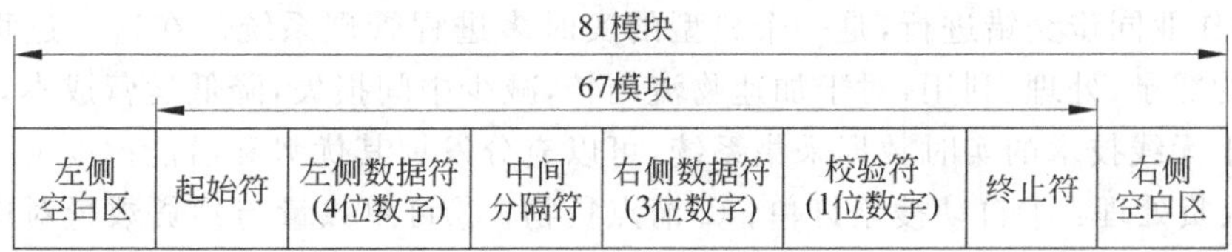

图 2-7　EAN-8 商品条形码符号结构

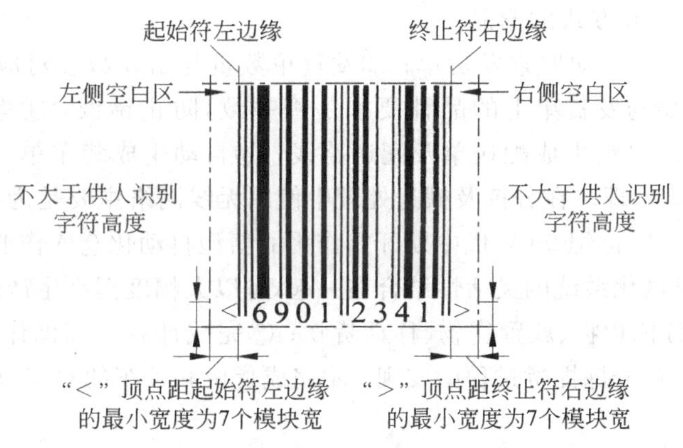

图 2-8　EAN-8 空白区中“<”和“>”的位置

6. 条形码技术的应用

1) 销售店面的实时数据采集

使用基于无线网络技术的实时数据采集系统，可以为经营者创造更好的利润提供一个新的作业环境，可以帮助控制店面中存货的流动，有效地将前台系统和后台系统结合起来，加快商品的流通速度，提高营运能力同时跟踪客户的购买模式。总而言之，使商场作业更高效、更方便。

(1) 店面进货处理(进店控制)：①自动搜索订单；②核对到货商品数量和品种；③控制进货的准确性；④补货确认；⑤进货单、补货单生成。

(2) 店面退货处理(出店控制)：①过期、过季商品或滞销商品需要退给供应厂家，以便于柜台的有效应用;②控制退货、出仓流程;③自动搜索退货单;④核对退货单与出仓商品品种和数量;⑤退货单核对。

(3) 盘点处理:①通过扫描条形码,从主机中搜索对应商品信息;②实盘数量自动登记;③实时运算盘盈、盘亏情况;④加快盘点时间;⑤自动通知同一商品在其他货架的情况,提高作业人员进行实物盘点;⑥核查商品在货架中的摆放情况。

(4) 价格控制。零售业竞争激烈,商品的价格变化速度快,每个商场都在不断调整价格来促进销售,吸引顾客购买。如沃尔玛超市推出"天天平价"的概念,所在店面的商品价格总是在不断调整中。价格控制流程包括:①扫描商品条形码,从主机中搜索对应商品信息;②搜索对应的最新价格;③通知价签生成;④更新价格;⑤通知价格修改完毕。

2) 配送中心的实时数据采集

配送中心是商家货物集散中心,从卸货、理货、收货直到配货、出货、装货、存车等诸多环节,各种作业同步交错进行,是一个典型的实时多进程管理系统。在这一过程中,数据实时准确的登录、处理、利用,对于加速物流周转,减少中间损失,降低运营成本,显得极为重要。基于无线技术的实时数据采集系统,可以充分发挥其优势和潜能。

(1) 收货处理:①自动搜索订单;②清点货物;③订单数量与到货数量对应,核对订单完成情况;④检查到货品种与订单要求是否一致;⑤登记商品进仓日期和供应商名称;⑥检查保质期;⑦将商品与托盘编码自动匹配,通过托盘编码与商品品种对应,以便于查找以托盘和高货架方式的商品。

(2) 发货处理:①自动搜索发货单;②发货单数量与出仓数量对应,核对发货完成情况;③检查出仓商品与发货单上的品种要求是否一致,防止错误;④登记商品出仓日期和对应客户名称;⑤自动生成配送单及配送路线;⑥自动生成装车单。

(3) 分拣及搬运处理。在分拣及搬运处理中使用无线网络主要是为了建立信息引导系统(IGS)。该系统是20世纪90年代中期开始作用的新型自动化仓库作业系统,它将自动化拣选、搬运控制与机械化系统的灵活性结合在一起,可以大幅度提高生产效率。分拣及搬运处理包括:①完成分拣货物、放置货物、移动货物;②完成计算机辅助作业调度;③实现库存商品的先入先出,在分拣提货过程中实现;④完成货位和叉车的对应位置测定。

3) 客户导购

在大型商场和超市中,有些顾客需要一次采购大批商品,如集团采购、企业采购等。使用无线网络可以提高业务处理效率,为客户提供更好的服务。

服务形式:由导购人员携带无线终端,帮助客户选购商品,记录客户选中的商品名称和数量,实时传送给后台处理系统以帮助客户备货,客户完成商品选购后,可以直接到后台结算、提货或要求送货上门。

4) 经理巡查中的实时数据跟踪

随时随地地查询关键管理信息,迅速在发生现场做出决策是销售经理所希望的,无线网络恰好提供了这一快速查询和快速决策的辅助手段。

当经理在店面巡视时,可以通过扫描商品条形码,直接在主机中查询该商品的进价、当前库存情况、当天销售情况、最新价格等,很方便地了解店面中现场的商品销售势头,迅速决策是否调整价格。无线网络使经理可以随时随地获得信息,把握全局。

5）超市条形码管理系统应用方案举例

图 2-9 所示为超市条形码管理系统。

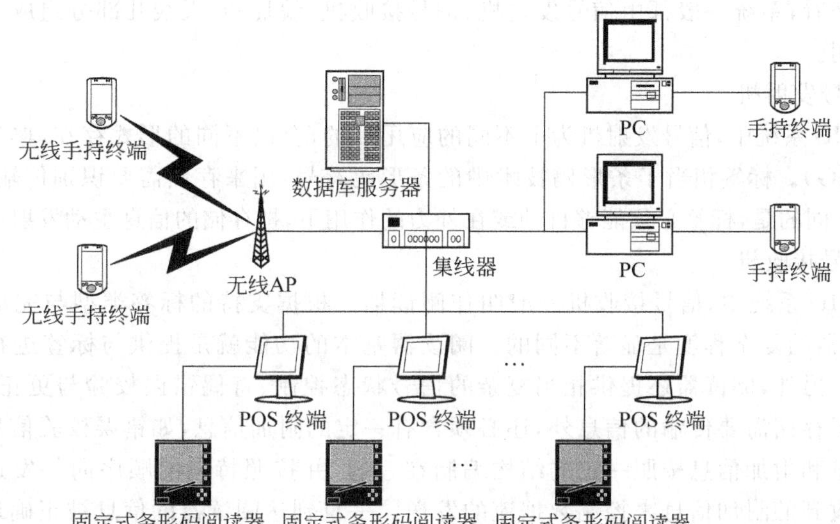

图 2-9　超市条形码管理系统

二、自动识别技术

（一）射频识别技术

射频识别(Radio Frequency Identification，RFID)是一种非接触式的自动识别技术，它利用射频信号及空间耦合和传输特性实现对静止或移动物体的自动识别及数据交换。一个完整的 RFID 系统由标签、天线、读写器和监控系统组成，其基本的工作原理为：当标签进入磁场后，接收读写器发出的射频信号，凭借感应电流所获得的能量发送出存储在芯片中的产品信息(Passive Tag，无源标签或被动标签)，或者主动发送某一频率的信号(Active Tag，有源标签或主动标签)，读写器读取信息并解码后，送至中央信息系统进行有关数据处理，如图 2-10 所示。

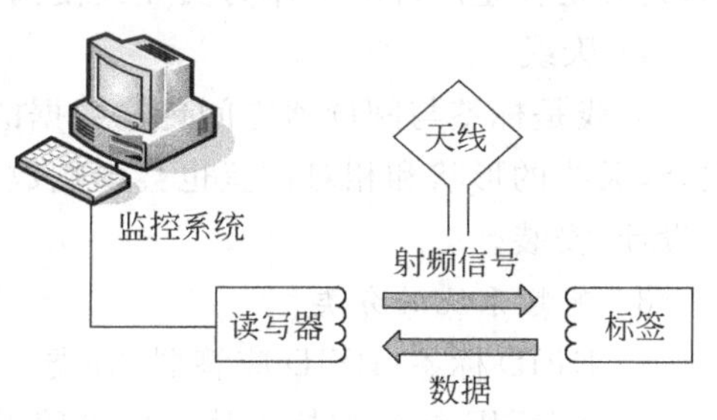

图 2-10　RFID 工作原理

1. RFID 的特征

利用无线电波来传送识别信息，识别工作无须人工干预、不受空间限制，可工作于各种恶劣环境。它最大的优点在于可以对高速移动的远距离目标进行非接触自动识别，这一点是条形码等任何其他的自动识别技术所不具备的。

2. RFID 系统的组成

射频识别系统至少应包括以下两个部分：一是读写器；二是电子标签(或称射频卡、

应答器等,本文统称为电子标签)。另外还应包括天线、主机等。RFID 系统在具体的应用过程中,根据不同的应用目的和应用环境,系统的组成会有所不同,但从 RFID 系统的工作原理来看,系统一般都由信号发射机、信号接收机、编程器、天线几部分组成。下面分别加以说明。

1）信号发射机

在 RFID 系统中,信号发射机为了不同的应用目的,会以不同的形式存在,典型的形式是标签(TAG)。标签相当于条形码技术中的条形码符号,用来存储需要识别传输的信息。与条形码不同的是,标签必须能够自动或在外力的作用下,把存储的信息主动发射出去。

2）信号接收机

在 RFID 系统中,信号接收机一般叫作阅读器。根据支持的标签类型与完成的功能不同,阅读器的复杂程度是显著不同的。阅读器基本的功能就是提供与标签进行数据传输的途径。另外,阅读器还提供相当复杂的信号状态控制、奇偶错误校验与更正功能等。标签中除了存储需要传输的信息外,还必须含有一定的附加信息,如错误校验信息等。识别数据信息和附加信息按照一定的结构编制在一起,并按照特定的顺序向外发送。阅读器通过接收到的附加信息来控制数据流的发送。一旦到达阅读器的信息被正确地接收和译解后,阅读器通过特定的算法决定是否需要发射机对发送的信号重发一次,或者指导发射器停止发信号,这就是“命令响应协议”。使用这一协议,即便在很短的时间、很小的空间内阅读多个标签,也可以有效地防止“欺骗问题”的产生。

3）编程器

只有可读可写标签系统才需要编程器。编程器是向标签写入数据的装置。编程器写入数据一般来说是脱机(OFF-LINE)完成的,也就是预先在标签中写入数据,应用时直接把标签黏附在被标识项目上。也有一些 RFID 应用系统,写数据是联机(ON-LINE)完成的,尤其是在生产环境中作为交互式便携数据文件来处理时。

4）天线

天线是标签与阅读器之间传输数据的发射、接收装置。在实际应用中,除了系统功率之外,天线的形状和相对位置也会影响数据的发射和接收,需要专业人员对系统的天线进行设计、安装。

3. 射频系统的分类

1）RFID 标签(RFID 应答器)分类

一个 RFID 标签包括一片集成电路芯片(用于保存该标签所在物品的个体信息)、一根天线(通常是印制电路天线,用于接收来自阅读器的 RF 信息并发送信息)和含有标签的某种外壳。

使用 RFID 标签的可以是许多不同的物体,从各类物品到动物,也包括人。标签到阅读器的距离是一个很重要的系统变量,它直接受该标签技术的影响。常用的标签技术有以下几种。

(1) 无源标签。最简单的标签类型是无源标签。它专门利用阅读器发送的 RF 能量来供电,所以它没有集成电池的尺寸和成本问题。无源标签非常便宜,机械鲁棒性好,而且外形尺寸非常小(约为指甲大小)。但是,因为无源标签的接收功率与它到 RFID 阅读器的物理距离成比例，所以这类标签的缺点是阅读范围有限。

(2) 半有源标签。像无源标签一样，半有源标签将RF能量返回到标签阅读器来发送标识信息。但是，它还包含一块电池为标签中的IC部分供电，这样就可以支持一些有趣的应用，如在每个标签中放置传感器。采用这种方法，每个应答器不仅可以发送静态的标识数据，还可以发送一些实时的属性，如温度、湿度以及时间和日期。通过采用仅仅为IC和传感器供电的电池，半有源标签能够实现在成本、尺寸和范围之间的折中。

(3) 有源标签。有源标签采用集成电池为标签IC(以及所有的传感器)和RF发射器供电，所以它比半有源标签更进了一步。有源标签的工作范围扩大了很多(达到100多米)，这就意味着货物通过阅读器的速度可以比无源和半有源标签系统中的速度高得多。另外，有源标签可以携带更多的产品信息，不仅仅是一个简单的产品ID码。

2) 按频率分类电子标签

从应用概念来说，电子标签的工作频率也就是射频识别系统的工作频率，这是其最重要的特点之一。

电子标签的工作频率不仅决定着射频识别系统工作原理(电感耦合还是电磁耦合)、识别距离，还决定着电子标签及读写器实现的难易程度和设备的成本。

工作在不同频段或频点上的电子标签具有不同的特点。射频识别应用占据的频段或频点在国际上有公认的划分，即位于ISM波段之中。典型的工作频率有：125kHz、133kHz、13.56MHz、27.12MHz、433MHz、902～928MHz、2.45GHz、5.8GHz等。

(1) 低频段电子标签。低频段电子标签简称为低频标签，其工作频率范围为30～300kHz。典型工作频率有：125kHz、133kHz(也有接近的其他频率)。低频标签一般为无源标签，其工作能量通过电感耦合方式从阅读器耦合线圈的辐射近场中获得。低频标签与阅读器之间传送数据时，低频标签须位于阅读器天线辐射的近场区内。低频标签的阅读距离一般情况下小于1m。

低频标签的典型应用有：动物识别、容器识别、工具识别、电子闭锁防盗(带有内置应答器的汽车钥匙)等。与低频标签相关的国际标准有：ISO 11784/11785(用于动物识别)、ISO 18000-2(125～135kHz)。低频标签有多种外观形式，其中，应用于动物识别的低频标签外观有：项圈式、耳牌式、注射式、药丸式等。低频标签典型应用的动物有牛、信鸽等。

低频标签的主要优势体现在：①标签芯片一般采用普通的CMOS工艺，具有省电、廉价的特点；②工作频率不受无线电频率管制约束；③可以穿透水、有机组织、木材等；④非常适合近距离、低速度、数据量要求较少的识别应用(例如：动物识别)等。

低频标签的劣势主要体现在：①标签存储数据量较少；②只适合低速、近距离的识别应用；③与高频标签相比，标签天线匝数更多，成本更高一些。

(2) 中高频段电子标签。中高频段电子标签的工作频率一般为3～30MHz。典型工作频率为：13.56MHz。该频段的电子标签，从射频识别应用角度来说，因其工作原理与低频标签完全相同，即采用电感耦合方式工作，所以宜将其归入低频标签类中。另外，根据无线电频率的一般划分方法，其工作频段又称为高频，所以也常将其称为高频标签。

高频电子标签一般也采用无源方式，其工作能量同低频标签一样，通过电感(磁)耦合方式从阅读器耦合线圈的辐射近场中获得。标签与阅读器进行数据交换时,必须位于阅读器天线辐射的近场区内。中频标签的阅读距离一般情况下也小于1m(最大读取距离为1.5m)。

由于高频标签可方便地做成卡状,其典型应用包括:电子车票、电子身份证、电子闭锁防盗(电子遥控门锁控制器)等。相关的国际标准有:ISO 14443、ISO 15693、ISO 18000-3(13.56MHz)等。

高频标准的基本特点与低频标准的相似。由于其工作频率的提高,可以选用较高的数据传输速率。电子标签的天线设计相对简单,标签一般制成标准卡片形状。

(3) 超高频与微波标签。超高频与微波频段的电子标签简称为微波电子标签。其典型工作频率为:433.92MHz、862(902)~928MHz、2.45GHz、5.8GHz。微波电子标签可分为有源标签与无源标签两类。工作时,电子标签位于阅读器天线辐射的远场区内,标签与阅读器之间的耦合方式为电磁耦合方式。阅读器天线辐射场为无源标签提供射频能量,将有源标签唤醒。相应的射频识别系统阅读距离一般大于1m,典型情况为4~7m,最大可达10m以上。阅读器天线一般均为定向天线,只有在阅读器天线定向波束范围内的电子标签可被读/写。

随着阅读距离的增加,应用中有可能会在阅读区域中同时出现多个电子标签的情况,从而提出了多标签同时读取的需求,这种需求进而发展成为一种潮流。目前,先进的射频识别系统均将多标签识读问题作为系统的一个重要特征。

以目前的技术水平来说,无源微波电子标签比较成功的产品相对集中在902~928MHz工作频段上。2.45GHz和5.8GHz射频识别系统多以半有源微波电子标签的产品面世。半有源标签一般采用纽扣电池供电,具有较远的阅读距离。

微波电子标签的典型特点主要集中在是否无源、无线读写距离、是否支持多标签读/写、是否适合高速识别应用、读写器的发射功率容限、电子标签及读写器的价格等方面。对于可无线写的电子标签而言,通常情况下,写入距离要小于识读距离,其原因在于写入要求的能量更大。

微波电子标签的数据存储容量一般限定在2KBits以内,再大的存储容量并没有太大的意义。从技术及应用的角度来说,微波电子标签并不适合作为大量数据的载体,其主要功能在于标识物品并完成无接触的识别过程。典型的数据容量指标有:1KBits、128Bits、64Bits等。由Auto-ID Center制定的产品电子代码EPC的容量为90Bits。

微波电子标签的典型应用包括:移动车辆识别、电子身份证、仓储物流应用、电子闭锁防盗(电子遥控门锁控制器)等。相关的国际标准有:ISO 10374、ISO 18000-4(2.45GHz)、ISO 18000-5(5.8GHz)、ISO 18000-6(860~930MHz)、ISO 18000-7(433.92MHz)、ANSI NCITS 256—1999等。

(二) 产品电子代码与电子标签

EPC(Electronic Product Code)称为产品电子代码。EPC的载体是RFID电子标签,并借助互联网来实现信息的传递。EPC电子代码旨在为每一件单品建立全球的、开放的标识标准,实现全球范围内对单件产品的跟踪与追溯,从而有效提高供应链管理水平、降低物流成本。而且 EPC 电子代码是一个完整的、复杂的、综合的系统。

产品电子代码是与全球标准代码条形码相对应的射频技术代码。产品电子代码由一系列数字组成，能够辨别具体对象的生产者、产品、定义、序列号。它除了具有全球标准代码能辨识物体的功能外，还可以通过产品电子代码网络提供关于产品的附加信息，例如产地、产品历史等，这些数据对于在供给链中特定产品的历史追踪具有关键的作用。这些数据被储存在互联网或其他网络上，只要使用标准的技术就可以进入数据系统，就像进入互联网一样。

（三）磁卡与 IC 卡识别技术

1. 磁卡

磁卡（Magnetic Card）是以液体磁性材料或磁条为信息载体，将液体磁性材料涂覆在卡片上（如存折）或将宽约 6～14mm 的磁条压贴在卡片上（如常见的银联卡）。

根据 ISO 7811/2 标准规定，第一磁道能存储 76 个字母数字型字符，并且在首次被写磁后是只读的；第二磁道能存储 37 个数字型字符，同时也是只读的；第三磁道能存储 104 个数字型字符，是可读可写的，银行卡用以记录账面余额等信息。三条磁道在卡上的位置已在国际标准 ISO 007811/5 中被严格规定。

磁卡一般用作识别卡，可以写入、储存、改写信息内容，特点是可靠性强、记录数据密度大、误读率低，信息输入/读出速度快。由于磁卡的信息读写相对简单容易、使用方便、成本低，从而较早地获得了发展，并进入了多个应用领域，如金融、财务、邮电、通信、交通、旅游、医疗、教育、宾馆等。

磁卡技术是在卡存储数据发展过程中使用时间最久的。基本上常用的磁卡有两种：高磁（HICO）卡以 2750 或 4000 Oersteds 的强度进行编码，而低磁（LOCO）卡以 300 Oersteds 的强度进行编码。

2. IC 卡

IC 卡即集成电路卡（Integrated Circuit Card），是超大规模集成电路技术、计算机技术以及信息安全技术等发展的产物。它将集成电路芯片镶嵌于塑料基片的指定位置上，利用集成电路的可存储特性，保存、读取和修改芯片上的信息。

IC 卡的概念是 20 世纪 70 年代初提出来的，它一出现，就以其超小的体积、先进的集成电路芯片技术，以及特殊的保密措施和无法被破译及仿造的特点受到普遍欢迎，40 年来，IC 卡已被广泛应用于金融、交通、通信、医疗、身份证明等众多领域。

按照与外界数据传送的形式来分，IC 卡有接触式和非接触式两种。

IC 卡具有磁卡无法比拟的许多优点，如存储容量大，是磁卡的几倍至几十倍；安全性高，具有防伪造、防篡改的能力；可脱机使用，应用较为灵活。同时，它也存在着价格高、抗静电和抗紫外线能力弱等缺点。

（四）生物特征识别技术

生物特征识别技术是计算机科学中利用生物特征对人进行识别，并进行访问控制的学科，可以利用人体固有的生理特征和行为特征，进行个人身份的鉴定。

生物识别技术是目前最为方便与安全的识别技术，它不需要记住复杂的密码，也不需要随身携带钥匙、智能卡之类的东西。生物识别技术认定的是人本身，这就直接决定了这种认证方式更安全、更方便。由于每个人的生物特征具有与其他人不同的唯一性和在一定时期内不变的稳定性，不易伪造和假冒，所以利用生物识别技术进行身份认定，安全、可靠、准确。此外，生物识别技术产品均借助于现代计算机技术实现，很容易配合计算机和安全、监控、管理系统整合，实现自动化管理。

现在常用的生物特征识别技术有：人脸识别、虹膜识别、手形识别、指纹识别、掌纹识别、签名识别、声音识别、步态识别和皮肤芯片等。其中指纹识别和手形识别是现在市场占有率最高、技术发展最成熟的两种识别方式。

（五）自动识别技术的应用

近几十年，自动识别技术得到了迅猛发展，已初步形成了一个包括条形码识别、磁条磁卡识别、智能卡识别、光学字符识别、射频识别、声音识别及视觉识别等为主要代表的自动识别技术，在与计算机技术、通信技术、光电技术、互联网技术等高新技术集成的基础上，自动识别技术日趋成熟，性能越来越稳定，作用和效果已被社会所公认。

目前，自动识别技术已广泛应用于身份识别、零售、物流运输、邮政通信、电子政务、工业制造、军事、畜牧管理等各个领域，在我国经济发展中发挥着越来越重要的作用。

物联网时代的来临，给自动识别技术带来新的发展机遇和挑战。随着进一步的推广和应用，自动识别技术将会在人们未来日常生活的各个方面得到具体的应用，将会发展成为信息社会建设的一项基础技术，具有良好的发展前景。

在自动识别技术中，射频技术的应用尤为广泛，主要体现在以下几个方面。

1. 传送带货物分拣(见图 2-11)

对传送带上的货物进行分拣，需要用多天线构成 RFID 扫描隧道，以提高首度率。同时 RFID 识读器需要接入传送带或其他控制主机。

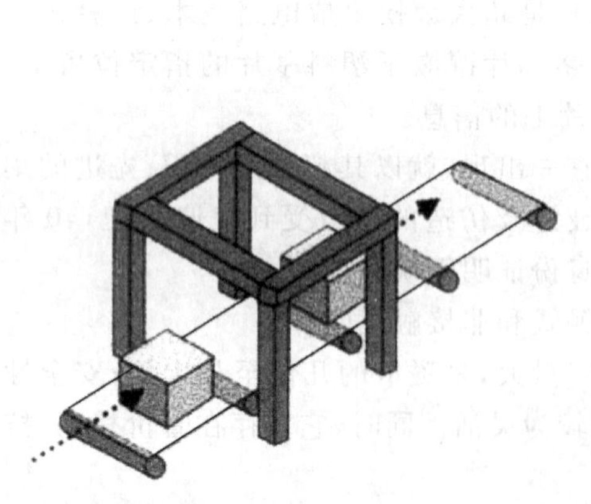

图 2-11　传送带货物分拣

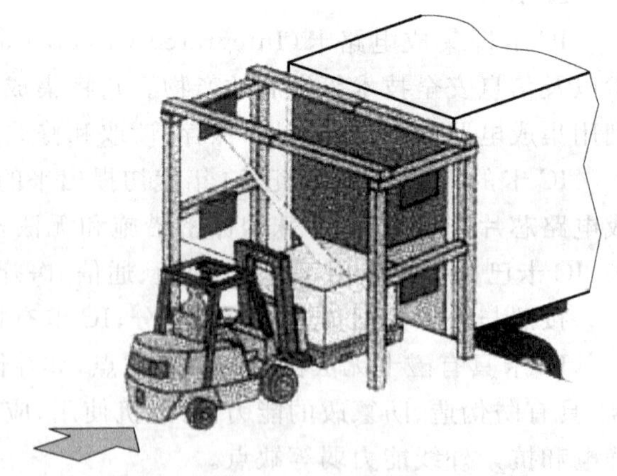

图 2-12　仓库收发货

2. 仓库收发货(见图 2-12)

在将托盘装卸进出货车车厢和集装箱时，其金属箱体对无线电波有着较强反射，严重影响 RFID 识读的效果和正确性。采用智能化的 RFID 识读器，由 N 个（图例中为四个）天线接口组成灵活的扫描隧道，可有效地提高识读效果和准确性。

3. 托盘包装工作站（见图 2-13）

托盘包装工作站上安装的 RFID 识读器，可及时地识别和分类托盘上的货物，并将其与 RFID 标识的托盘联系起来。

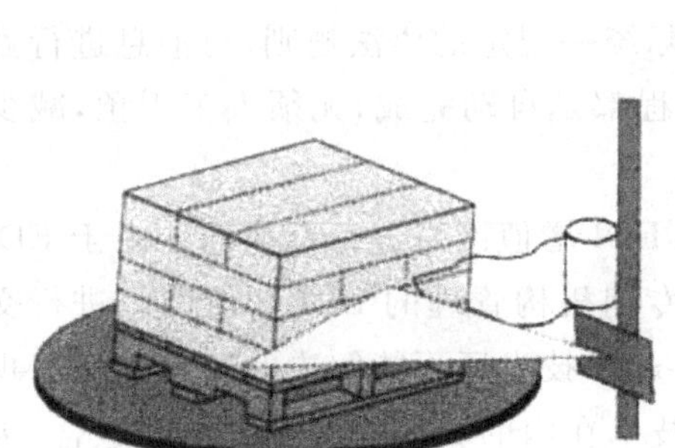

图 2-13　托盘包装工作站

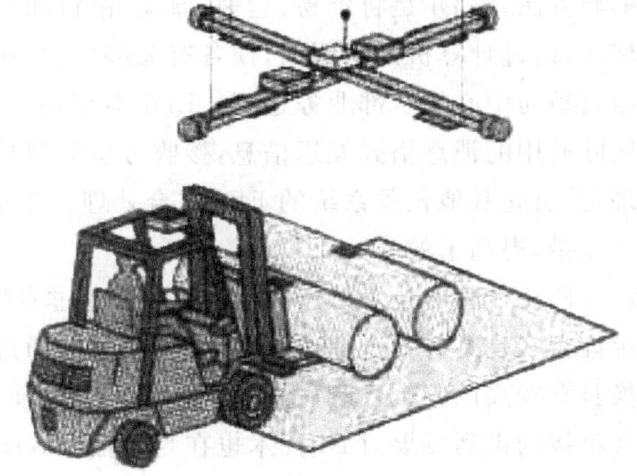

图 2-14　过顶识读

4. 过顶识读（见图 2-14）

通过固定式 RFID 识读器和一组天线组成向下覆盖的扫描网，可对贴有朝上的 RFID 标签的大件物品和托盘进行高效的数据读写，尤其是叉车作业更为便利和有效。

5. 人工移动作业（见图 2-15）

人工移动作业需要指定物品并完成一系列作业。由移动 RFID 读写器和移动计算机配合组成的移动作业平台，可同时对 RFID 标签进行读写和对条形码进行扫描，并进行相应的处理、存储和通信。

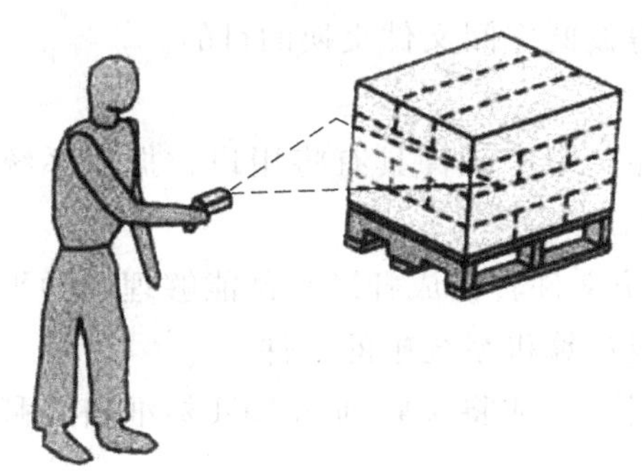

图 2-15　人工移动作业

图 2-16　叉车移动作业

6. 叉车移动作业（见图 2-16）

叉车移动作业是仓库和物流中心最主要的作业模式。由固定式 RFID 读写器和车载计算机构成的移动作业平台,特别适合托盘货物的作业和RFID标签的读写。

三、电子数据交换技术

(一) EDI的基本概念及特点

EDI(Electronic Data Interchange,电子数据交换)是一种利用计算机进行商务处理的新方法。EDI是将贸易、运输、保险、银行和海关等行业的信息,用一种国际公认的标准格式,通过计算机通信网络,使各有关部门、公司与企业之间进行数据交换与处理,并完成以贸易为中心的全部业务过程。EDI不是用户之间简单的数据交换,EDI用户需要按照国际通用的消息格式发送信息,接收方也需要按国际统一规定的语法规则,对消息进行处理,并引起其他相关系统的EDI综合处理。整个过程都是自动完成,无须人工干预,减少了差错,提高了效率。

EDI最大的技术特点:EDI单证是通过专用的EDI增值网络进行交换的。由于EDI单证大多是具有一定商业价值的商业单证,通过由专门机构管理的EDI增值网络进行交换具有较高的安全性和可靠性。这一点是目前Internet技术还不能解决的问题。随着现代科技的迅猛发展,EDI技术也在与包括Internet技术在内的其他先进技术不断融合,为用户提供更灵活、多样、简便的使用方式,使其自身拥有更广阔的电子商务服务领域。

不论用户内部MIS系统的应用程序和数据格式有何不同,在通过EDI增值网络进行交换之前,都采用一种叫作"翻译器"的软件将不同的数据格式翻译成符合国际标准的EDI格式。正是这种方法,使得在不同用户的不同应用系统之间自动交换数据成为可能。

(二) EDI系统的基本结构

数据标准、EDI软件及硬件和通信网络是构成EDI系统的三要素。

1. 数据标准

EDI标准是由各企业、各地区代表共同讨论、制定的电子数据交换共同标准,可以使各组织之间的不同文件格式,通过共同的标准获得彼此之间文件交换的目的。

2. EDI软件及硬件

EDI的实现需要配备相应的EDI软件和硬件。EDI软件具有将用户数据库系统中的信息译成EDI的标准格式以供传输交换的能力。

(1) 转换软件。它可以帮助用户将计算机系统文件转换成翻译软件能够理解的平面文件,或是将从翻译软件接收来的平面文件转换成计算机系统中的文件。

(2) 翻译软件。将平面文件翻译成EDI标准格式,或将接收到的EDI标准格式翻译成平面文件。

(3) 通信软件。将EDI标准格式的文件外层加上通信信封再送到EDI系统交换中心的邮箱,或由EDI系统交换中心将接收到的文件取回。

EDI所需的硬件设备有:计算机、调制解调器及电话线。由于使用EDI进行电子数据交换需通过通信网络,而目前采用电话网络进行通信是很普遍的方法,因此Modem是必备的硬件设备。此外,如果对传输时效及资料传输量有较高要求,可以考虑租用专线。

3. 通信网络

通信网络是实现 EDI 的手段。EDI 通信方式有多种。第一种是点对点,这种方式只有在贸易伙伴数量较少的情况下使用。随着贸易伙伴数目的增多,当多家企业直接网络通信时,会出现由于计算机厂家不同而通信协议相异以及工作时间不易配合等问题。为了克服这些问题,许多公司逐渐采用第三方网络,即增值网络(VAN)方式。它类似于邮局,为发送者与接收者维护邮箱并提供存储转送、记忆保管、格式转换、安全管制等功能。因此通过增值网络传送 EDI 文件,可以大幅度降低相互传送资料的复杂度和困难度,并提高 EDI 的效率。

(三) EDI 的应用

物流 EDI 系统可应用于零售商、批发商、制造商、配送中心、运输商和物流公司等,其主要功能是提供报文转换。

其中,供应商 EDI:接收并使用客户传来的采购进货单;接收并使用客户传来的退货单;接收并打印客户传来的询价单;生成报价并传送给客户;生成出货单并传送给物流公司。

物流公司 EDI:生成并传给供应商采购进货单;生成并传给供应商退货单;生成并传给供应商询价单;接收并打印供应商传来的报价单。

运输商 EDI:生成托运单并传送给运输商;接收并使用托运人传来的托运单;生成出货单并传给物流公司;接收并使用客户传来的出货单。

四、地理信息系统

(一) GIS 的概念

地理信息系统(Geographic Information System,GIS)是在计算机软、硬件支持下,采集、存储、管理、检索、分析和描述地理空间数据,适时提供各种空间的和动态的地理信息,用于管理和决策过程的计算机系统。它是集计算机科学、地理学、测绘遥感学、空间科学、环境科学、信息科学和管理科学等为一体的边缘学科,其核心是计算机科学,基本技术是地理空间数据库、地图可视化和空间分析。

(二) GIS 的组成

1. GIS 的基本功能

GIS 的基本功能有:①数据采集与输入;②地图编辑;③空间数据管理;④空间分析;⑤地形分析;⑥数据显示与输出。

GIS 所管理的数据主要是二维或三维的空间型地理数据,包括地理实体的空间位置、拓扑关系和属性。GIS 对这些数据的管理是按图层的方式进行的,既可将地理内容按其特征数据组成单独的图层,也可将不同类型的几种特征数据合并起来组成一个图层,这种管理方式对数据的修改和提取十分方便。

2. GIS与通用数据库的区别

虽然数据库系统和图形CAD的一些基本技术都是地理信息系统的核心技术，但地理信息系统和这两者都不同，它是在这两者结合的基础上加上空间管理和空间分析功能构成的。

GIS与通用的数据库技术之间的主要区别如下。

1) 侧重点不同

数据库技术侧重于对非图形数据(非空间数据)的管理，即使存储图形数据，也不能描述空间实体间的拓扑关系；而GIS的工作过程主要处理的是空间实体的位置及相互间的空间关系，管理的主要是空间数据。

2) 对数据管理的方式不同

通用数据库技术按字段来管理数据，通过选择关键字来建立索引进行检索，对数据的存储是根据数据的不同类别将其存储为不同的文件；GIS以图层的方式来管理数据，一个图层对应一个图形文件和一个属性数据文件，对空间实体的查询是通过空间实体间的拓扑关系(或位置关系)来进行的。

3) 数据结构不同

数据库技术采用自由表的方式，不支持长字段名；GIS采用矢量和栅格两种空间数据结构，对字段名的长度并无限制。

3. GIS的软件

由于GIS应用受到广泛的重视，各种GIS软件平台纷纷涌现，据不完全统计，目前有近500种。各种GIS软件厂商在GIS功能方面都在不断创新、相互包容。大多数著名的商业遥感图像软件都汲取了GIS的功能，而一些GIS软件如Arc/Info也都汲取了图像虚拟可视化技术。为了使广大用户对不同平台软件功能有更好的了解，一些国家机构还专门对各种软件进行测试，我国也多次对优秀国产软件进行测评。总体来说，各种软件各有千秋，互为补充。目前市面上用户使用较多的软件平台有Arc/Info、Mapinfo、MAPGIS等。

1) Arc/Info软件

Arc/Info是由美国环境系统研究所开发的，是目前世界上使用最多的商业化软件之一。Arc/Info是以矢量数据结构为主体的GIS系统，它通过关系数据库管理属性数据。

2) Mapinfo软件

Mapinfo是美国MAPINFO公司推出的适用于不同平台的GIS系统，在PC桌面平台上其占有相当大的市场。Mapinfo是以矢量数据结构为主体的GIS平台，对空间数据管理采用无拓扑矢量结构，具有强大的符合工业界数据库标准的管理系统，在城市规划、行政管理等方面得到广泛应用。它的主要优势在空间数据库管理和分析方面，简单易学、实用，而且桌面制图功能强，但在GIS空间分析方面落后于Arc/Info软件。

3) Intergraph MGE软件

MGE是实力强大的计算机硬件与软件商——美国INTERGRAPH公司的产品，其优势是应用的平台是Windows NT，采用栅格矢量一体化数据结构。其功能模块模拟与

ARCINFO 公司相似，但在图形动态模拟方面有较大的优势。

4）GRASS 软件

GRASS 是 UNIX 系统上的 GIS 系统，主要采用栅格数据结构，在模拟地下水方面使用很广。

5）MAPGIS 软件

MAPGIS 是中国地质大学信息工程学院武汉中地信息工程有限公司自行研制开发的地理信息系统，是优秀的国产桌面 GIS 软件。它属于矢量数据结构 GIS 平台，主要功能优势如下：

（1）将空间数据数字化输入、编辑、拓扑一体化；

（2）具有强大的制图功能，包括各种专题图例符号的制作，较其他软件方便灵活得多；

（3）基本上完成了 GIS 方方面面的分析功能。

（三）GIS 的应用领域

交通地理信息系统是收集、整理、存储、管理、综合分析和处理空间信息和交通信息的计算机软硬件系统，是 GIS 技术在交通领域的延伸，是 GIS 与多种交通信息采集、分析和处理技术的集成。GIS-T(Geographic Information System for Transportation)具有强大的交通信息服务和管理功能，它可以应用在交通管理的各个环节。

交通分成铁路交通、公路交通、水运交通、航空交通等方面，根据这几种交通类别以及业务范围的不同，GIS 的应用大致可以归纳成以下几个部分，如图 2-17 所示。

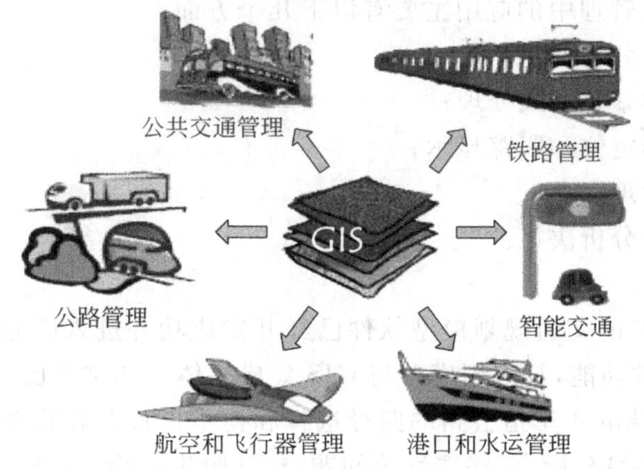

图 2-17　GIS 在交通行业的应用

（资料来源：http：//gisky.com/Article_Print.asp? ArticleID=557）

1．铁路管理

随着公路、航空等的发展，铁路运输面临着巨大的挑战。在这种环境下，除了继续加强硬件设施的投入以外，好的信息管理系统将在提供分析决策、市场预测等方面给予辅助分析以有力依据。GIS 在这个领域的应用有：①资产管理；②设施（铁道、车辆、通信和信号）管理；③车辆跟踪；④物流分析；⑤紧急事故处理；⑥环境和建设；⑦联运管理；⑧旅客信息管理；⑨运输能力规划分析；⑩市场分析；⑪选址选线分析；⑫风险管理。

2. 港口和水运管理

港口和水运管理对于水陆交通发达的国家和地区来说是非常重要的。大量货物的进出口、船只调度等,由于运输量的大量增加,很多设备已经大大超过了它们的承受能力,因此合理的调度和运用这些设备,对提高整体的运输效率显得非常有必要。GIS 在港口和水运管理系统中除了提供以上这些分析功能外,还能对河床进行分析。由于自然环境的污染和长时间的泥沙淤积,容易引起河床的变化,对水运交通造成阻碍和影响,利用 GIS 可以观察河床的变化,以及预测未来河床的变化,以便及时给出是否需要清淤或其他操作的决策。

ESRI GIS 软件被成功地应用在巴拿马运河、悉尼港和德国联邦水运管理局等重要项目中。

3. 航空和飞行器管理

GIS 在航空方面的应用大致可以分为以下几个方面。

(1) 设备管理(地面设备以及机场控制区的设备管理);

(2) 模拟飞行以及噪声管理;

(3) 机场与周边环境保护的管理;

(4) 机场建设和维护管理;

(5) 飞机起降操作管理;

(6) 航运能力以及交通规划。

4. 公共交通管理

GIS 在公共交通管理中的应用主要有以下几个方面。

(1) 线路规划和分析;

(2) 公交调度和紧急事故处理;

(3) 车辆的自动定位和跟踪显示;

(4) 站场设施管理;

(5) 统计和建模分析决策。

5. 公路管理

目前基于 GIS-T 的交通规划模型软件已经开发成功并进入商业应用阶段,这些软件包括全部的 GIS 软件功能,其应用模型与 GIS 集成一体。加拿大已经成功应用 GIS 完成了温哥华的一条 127km、4 车道公路的路径选择和初步设计。在这个过程中,GIS 很好地解决了项目设计的环境分析、公路选址等问题,包括野生动物、森林、水、土壤、植被和土地利用等。

GIS-T 还与路面管理系统、桥梁管理系统等公路养护系统相关联,借助先进的路面和桥梁检测设备及数据搜集手段,使道路的养护管理更加科学合理、经济高效。

6. 为智能运输系统(ITS)提供数字化平台

智能运输系统是新近发展起来的交通管理系统,它将和 GIS-T、全球定位系统——GPS 一道成为未来交通领域快速发展的新技术。基于 GIS-T、GPS 的 ITS,将能够为道路用户提供实时、动态的交通信息,改善出行方式,也能够为道路管理者提供控制信息,大大提高现有道路的通行能力和安全性。

在交通工程领域采用GIS技术和方法研究交通规划、交通建设和交通管理及其相关的问题，具有其他传统方法无可比拟的优点。具体体现在三个方面：一是它可以应用在交通管理的各个环节，即从交通规划、设计、施工到运营和养护的所有阶段以及交通科研；二是它可以广泛应用在国家、省、市等不同层次的管理中；三是可以广泛应用在政府、交通运输管理、运输企业和工程设计施工等部门。

五、全球定位系统

（一）GPS概述

全球定位系统GPS(Global Position System)是一种可以授时和测距的空间交会定点的导航系统，可向全球用户提供连续、实时、高精度的三维位置、三维速度和时间信息。

GPS的产生与发展——由TRANSIT到GPS，具体发展如下：

(1) 1957年10月第一颗人造地球卫星上天，天基电子导航应运而生。

(2) 美国于1964年建成子午卫星导航定位系统(TRANSIT)。

(3) 美国从1973年开始筹建全球定位系统，1994年全部建成，投入使用。

GPS的研制最初主要用于军事目的，如为陆、海、空三军提供实时、全天候和全球性的导航服务，并用于情报收集、核爆监测、应急通信和爆破定位等方面。随着GPS系统步入试验和实用阶段，其定位技术的高度自动化及所达到的高精度和巨大的潜力，引起了各国政府的普遍关注，同时引发了广大测量工作者的极大兴趣。特别是近几年来，GPS定位技术在应用基础的研究、新应用领域的开拓、软硬件的开发等方面都取得了迅速发展。

（二）GPS构成

图2-18所示为GPS系统组成。

(1) 空间卫星部分：由21颗工作卫星和3颗备用卫星组成，如图2-19所示。

(2) 地面控制部分：由1个主控站、5个监控站和3个注入站组成。

(3) 用户接收机部分：GPS接收机的基本类型分导航型(见图2-20(a))和大地型(见图2-20(b))。大地型接收机又分单频型(L1)和双频型(L1,L2)。

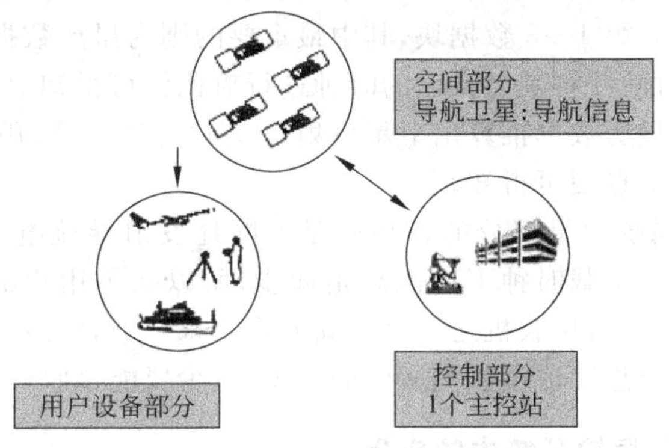

图2-18 GPS系统组成

（资料来源：http://www.sosol.com.cn）

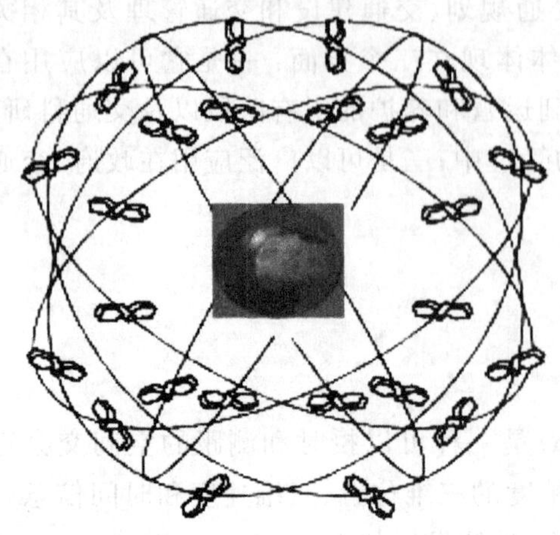

图 2-19 GPS 空间卫星部分

(资料来源：http://www.sosol.com.cn)

(a) 导航型GPS接收机

(b) 大地型GPS接收机

图 2-20 GPS 用户接收机部分

(资料来源：http://www.sosol.com.cn)

(三) GPS 工作原理

GPS 的工作原理是测量出已知位置的卫星到用户接收机之间的距离，然后综合多颗卫星的数据就可知道接收机的具体位置。要达到这一目的，卫星的位置可以根据星载时钟所记录的时间在卫星星历中查出。用户到卫星的距离则通过记录卫星信号传播到用户所经历的时间，再将其乘以光速得到(由于大气层电离层的干扰，这一距离并不是用户与卫星之间的真实距离，而是伪距(PR))：当 GPS 卫星正常工作时，会不断地用 1 和 0 二进制码元组成的伪随机码(简称伪码)发射导航电文。

GPS 系统使用的伪码一共有两种，分别是民用的 C/A 码和军用的 P(Y)码。C/A 码的频率为 1.023MHz，重复周期为 1ms，码间距为 1μs，相当于 300m；P 码的频率为 10.23MHz，重复周期为 266.40 天，码间距为 0.1μs，相当于 30m。Y 码是在 P 码的基础上形成的，保密性能更佳。

导航电文包括卫星星历、工作状况、时钟改正、电离层时延修正、大气折射修正等信息。它是从卫星信号中解调制出来，以 50bps 调制在载频上发射的。导航电文中的内容主要有遥测码、转换码、第 1～3 数据块，其中最重要的则为星历数据。当用户接收到导航电文时，提取出卫星时间并将其与自己的时钟进行对比便可得知卫星与用户的距离，再利用导航电文中的卫星星历数据推算出卫星发射电文时所处位置，用户在 WGS-84 大地坐标系中的位置速度等信息便可得知。

可见，GPS 导航系统卫星部分的作用就是不断地发射导航电文。然而，由于用户接收机使用的时钟与卫星星载时钟不可能总是同步，所以除了用户的三维坐标 x、y、z 外，还要引进一个 Δt 即卫星与接收机之间的时间差作为未知数，然后用 4 个方程将这 4 个未知数解出来。所以如果想知道接收机所处的位置，至少要能接收到 4 个卫星的信号。

(四) GPS 在货物运输系统中的应用

三维导航是 GPS 的首要功能，飞机、轮船、地面车辆以及步行者都可以利用 GPS 导航器进行导航。汽车导航系统是在全球定位系统——GPS的基础上发展起来的一门新GPS应用型技术。汽车导航系统由GPS导航、自律导航、微处理机、车速传感器、陀螺传感器、CD-ROM驱动器、LCD显示器组成。GPS导航系统与电子地图、无线电通信网络、计算机车辆管理信息系统相结合,可以实现车辆跟踪和交通管理等许多功能。

以国内首套专业的GPS长途客运车辆管理系统——雅迅长途客运GPS智能管理系统为例。它就是结合了卫星定位技术、GPRS/CDMA通信业务、GIS技术、图像采集技术、计算机网络和数据库等技术,在客运公司建立一个总控(C/S结构和B/S结构相结合),其他设为分控,在公安和运管等各部门建立专控的中心系统。系统由控制中心系统、无线通信平台(GPRS/CDMA)、全球卫星定位系统(GPS)、车载设备四部分组成一个全天候、全范围的驾驶员管理和车辆跟踪的综合平台;系统可对注册车辆实施动态跟踪、监控、拍照、行车记录、管理、数据分析等功能,监控车辆可以在电子地图上显示出来,并保存车辆运行轨迹数据;操作终端可任意选择服务器内部局域网或国际互联网对中心进行访问并可通过IE浏览器提供网上综合客车管理数据分析控制系统(B/S结构);系统软件容量可随时根据中心服务器和操作终端硬件配置进行扩展,最大为50万辆,入网车辆不仅可以是长途客运车辆,也可以是旅游车等社会车辆,同时系统还可以采用分组管理,不同类型的车辆归入不同分组,便于管理人员的操作。

▲ 实训任务

任务2.1 条形码的具体应用

❖任务分析

通过本任务的学习,掌握条形码技术的相关知识,并能正确识别、粘贴各类包装的条形码标签。

在完成条形码应用系统认知的前提下,能够正确地进行选择商品条形码和物流标签的位置,并能够确定常见的几类包装上的商品条形码位置,掌握条形码的相关知识。

❖工作步骤

步骤一 确定包装上条形码符号的位置

1. 执行标准

商品条形码符号位置可参阅国家标准GB/T 14257—2002,其中确立了商品条形码符号位置的选择原则,还给出了商品条形码符号放置的指南,适用于商品条形码符号位置的设计。

2. 条形码符号位置选择原则

1) 基本原则

条形码符号位置的选择应以符号位置相对统一、符号不易变形、便于扫描操作和识读为准则。

2) 首选位置

商品包装正面是指商品包装上主要明示商标和商品名称的一个外表面。将与商品包装正面相背的另一个外表面定义为商品包装背面。首选的条形码符号位置宜在商品包装背面的右侧下半区域内。

3) 其他选择

商品包装背面不适宜放置条形码符号时,可选择商品包装另一个适合面的右侧下半区域放置条形码符号。但是对于体积大或笨重的商品,条形码符号不应放置在商品包装的底面。

4) 边缘原则

条形码符号与商品包装邻近边缘的间距不应小于 8mm 或大于 102mm。

5) 方向原则

(1) 通则。商品包装上条形码符号宜横向放置(见图 2-21(a))。横向放置时,条形码符号的供人识别字符应为从左至右阅读。在印刷方向不能保证印刷质量或者商品包装表面曲率及面积不允许的情况下,应该将条形码符号纵向放置(见图 2-21(b))。纵向放置时,条形码符号供人识别字符的方向宜与条形码符号周围的其他图文相协调。

(2) 曲面上的符号方向。在商品包装的曲面上,当条形码符号的条平行于曲面的母线放置时,条形码符号表面曲度θ应不大于30°,如图2-22所示;若条形码符号表面曲度

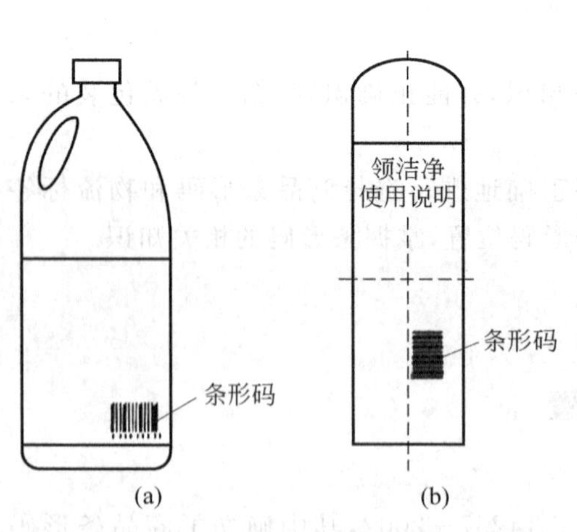

图 2-21 条形码符号放置的方向

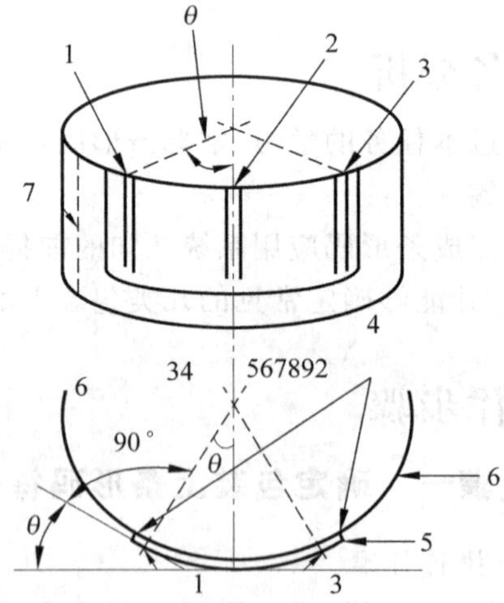

图 2-22 条形码符号表面曲度示意图

1—第一个条的外侧边缘;2—中间分隔符两条的正中间;
3—最后一个条的外侧边缘;4—左、右空白区的外边缘;
5—条形码符号;6—包装的表面;7—曲面的母线;
θ—条形码符号表面曲度

大于 30°，则应将条形码符号的条垂直于曲面的母线放置，如图 2-23 所示。可使用的条形码符号放大系数最大值与曲面直径有关。

6）避免选择的位置

不应把条形码符号放置在有穿孔、冲切口、开口、装订钉、拉丝拉条、接缝、折叠、折边、交叠、波纹、隆起、褶皱、其他图文和纹理粗糙的地方；转角处或表面曲率过大的地方；包装的折边或悬垂物下边。

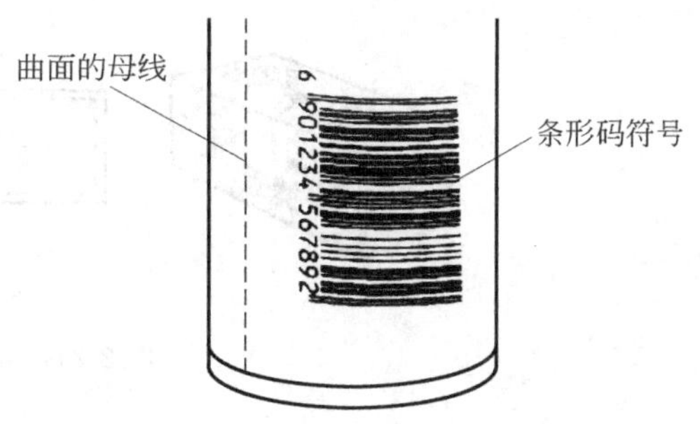

图 2-23　条形码符号的条与曲面的母线垂直

步骤二　选择常见包装形式下条形码标签粘贴的位置

（一）常见包装的类型

常见包装的类型如下：

(1) 箱型包装；

(2) 瓶型和壶型包装；

(3) 罐型和筒型包装；

(4) 桶型和盆型包装；

(5) 袋型包装；

(6) 收缩膜和真空成型包装；

(7) 泡型罩包装；

(8) 卡片式包装；

(9) 托盘式包装；

(10) 蛋盒式包装；

(11) 多件组合包装；

(12) 体积大或笨重的商品包装；

(13) 其他形式。

（二）常见包装简介

1. 箱型包装

箱型包装的条形码符号宜印在包装背面的右侧下半区域，靠近边缘处，如图 2-24(a)所示。其次可印在正面的右侧下半区域，如图 2-24(b)所示。条形码符号与边缘的间距应符合上面所说的边缘原则。

2. 瓶型和壶型包装

条形码符号宜印在包装背面或正面右侧下半区域，如图 2-25 所示。不应把条形码符号放置在瓶颈、壶颈处。条形码符号的条平行于曲面的母线放置时，要考虑放大系数和模块宽度。

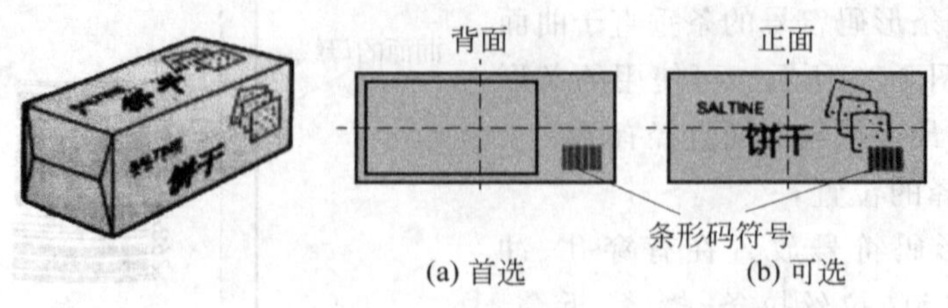

图 2-24　箱型包装示例

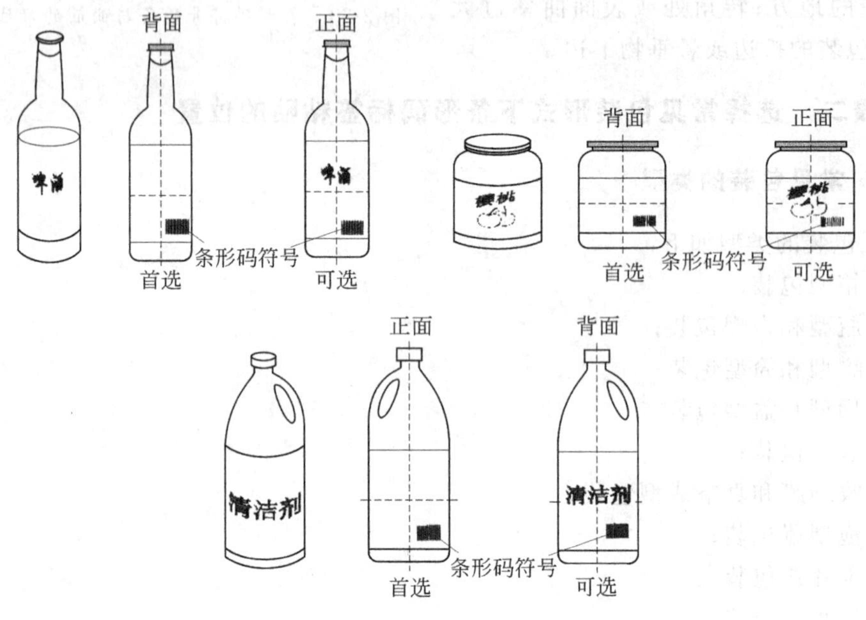

图 2-25　瓶装和壶型包装示例

3. 罐型和筒型包装

条形码符号宜放置在包装背面或正面的右侧下半区域,如图 2-26 所示。不应把条形码符号放置在有轧波纹、接缝和隆起线的地方。条形码符号的条平行于曲面的母线放置时,要考虑放大系数和模块宽度。

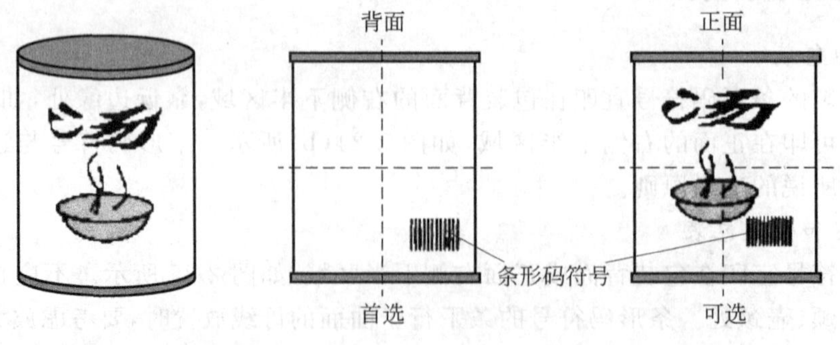

图 2-26　罐型和筒型包装示例

4. 桶型和盆型包装

条形码符号宜放置在包装背面或正面的右侧下半区域，如图 2-27(a)和图 2-27(b)所示。背面、正面及侧面不宜放置时，条形码符号可放置在包装的盖子上，但盖子的深度 h 应不大于 12mm，如图 2-27(c)所示。

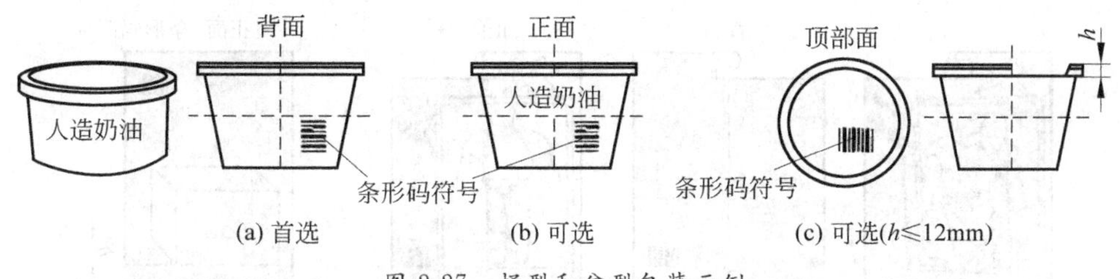

图 2-27　桶型和盆型包装示例

5. 袋型包装

条形码符号宜放置在包装背面或正面的右侧下半区域，尽可能靠近袋子中间的地方，或放置在填充内容物后的袋子平坦、不起皱折处，如图 2-28 所示。不应把条形码符号放在接缝处或折边的下面。

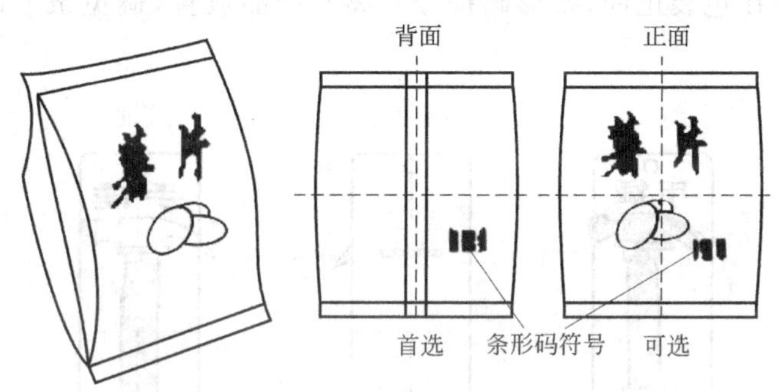

图 2-28　袋型包装示例

6. 收缩膜和真空成型包装

条形码符号宜放置在包装较为平整的表面上。在只能把条形码符号放置在曲面上时，要考虑曲面上的符号方向，选择条形码符号的方向和放大系数。不应把条形码符号放置在有皱折和扭曲变形的地方，如图 2-29 所示。

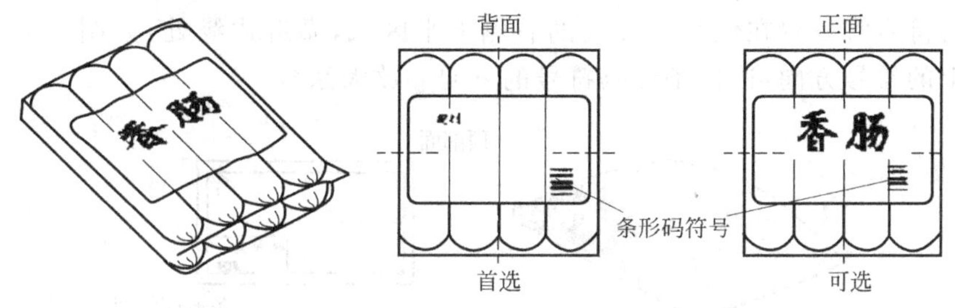

图 2-29　收缩膜和真空成型包装示例

7. 泡型罩包装

条形码符号宜放置在包装背面右侧下半区域,靠近边缘处。在背面不宜放置时,可把条形码符号放置在包装的正面,条形码符号应离开泡型罩的突出部分。当泡型罩突出部分的高度 h 超过 12mm 时,条形码符号应尽量远离泡型罩的突出部分,如图 2-30 所示。

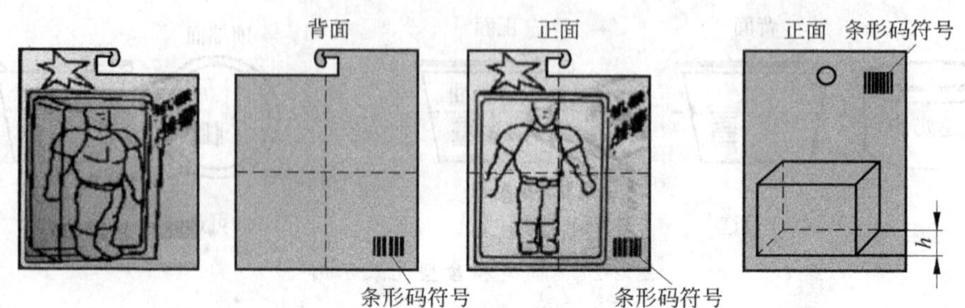

图 2-30 泡型罩包装示例

8. 卡片式包装

条形码符号宜放置在包装背面的右侧下半区域,靠近边缘处。在背面不宜放置时,可把条形码符号放置在包装正面,条形码符号应离开产品放置,避免条形码符号被遮挡,如图 2-31 所示。

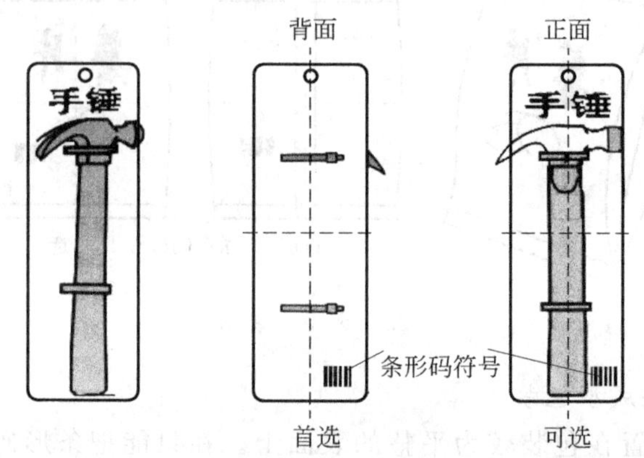

图 2-31 卡片式包装示例

9. 托盘式包装

条形码符号宜放置在包装顶部面的右侧下半区域,靠近边缘处,如图 2-32 所示。要考虑曲面上的符号方向,选择条形码符号的方向和放大系数。

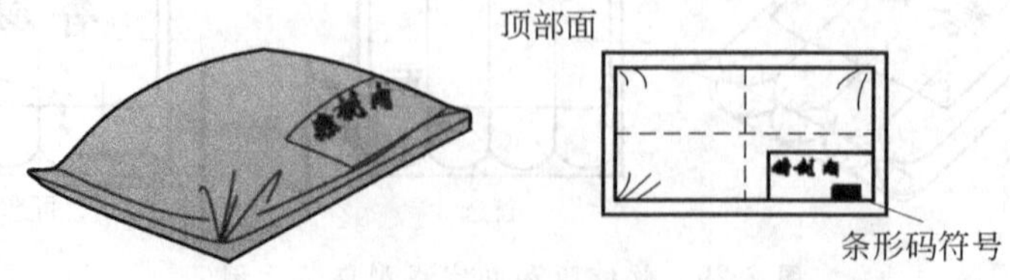

图 2-32 托盘式包装示例

10. 蛋盒式包装

条形码符号宜放置在包装有铰链的一面，铰链以上盒盖右侧的区域内。此处不宜放置时，条形码符号可放置在顶部面的右侧下半区域，如图 2-33 所示。

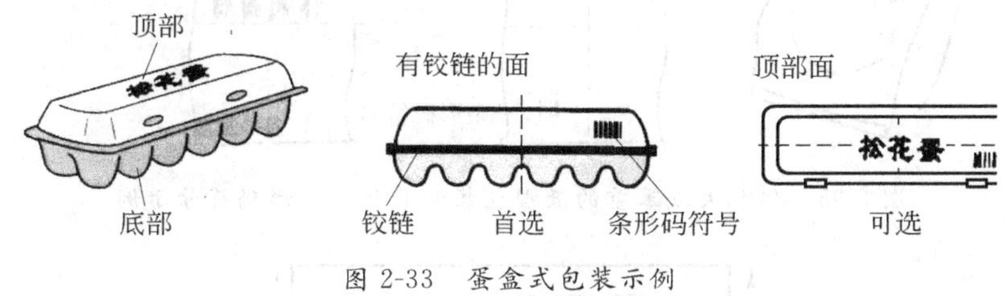

图 2-33　蛋盒式包装示例

11. 多件组合包装

条形码符号宜放置在包装背面的右侧下半区域，靠近边缘处。在背面不宜放置时，可把条形码符号放置在包装侧面的右侧下半区域，靠近边缘处，如图 2-34 所示。当多件组合包装和其内部的单件包装都带有商品条形码时，内部单件包装上的条形码符号应被完全遮盖，在扫描时，多件组合包装上的条形码符号应该是唯一可见的条形码。

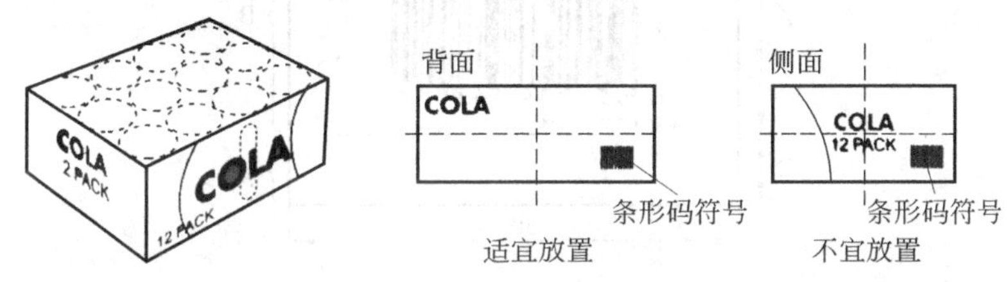

图 2-34　多件组合包装示例

12. 体积大或笨重的商品包装

1）包装特征

有两个方向上(宽/高、宽/深或高/深)的长度大于 45cm，或重量超过 13kg 的商品包装。

2）符号位置

对于体积大或笨重的商品包装，条形码符号宜放在包装背面右侧下半区域。包装背面不宜放置时，可以放置在包装除底面外的其他面上。

3）可选的符号放置方法

(1) 两面放置条形码符号。对于体积大或笨重的商品包装，每个包装上可以使用两个同样的、标记该商品的商品条形码符号，一个放置在包装背面的右下部分；另一个放置在包装正面的右上部分，如图 2-35 所示。

(2) 加大供人识别字符。对于体积大或笨重的商品包装，可以将其商品条形码符号的供人识别字符高度放大至 16mm 以上，印在条形码符号的附近。

(3) 采用双重条形码符号标签。对体积大或笨重的商品包装，可以采用如图 2-36 所示的双重条形码符号标签。标签的 A、B 部分上的条形码符号完全相同，是标记该商品的条形码符号。标签的 A、C 部分应牢固地附着在商品包装上，B 部分与商品包装不粘连。在商品通过 POS 系统进行扫描结算时，撕下标签的 B 部分，由商店营业员扫描该部分上

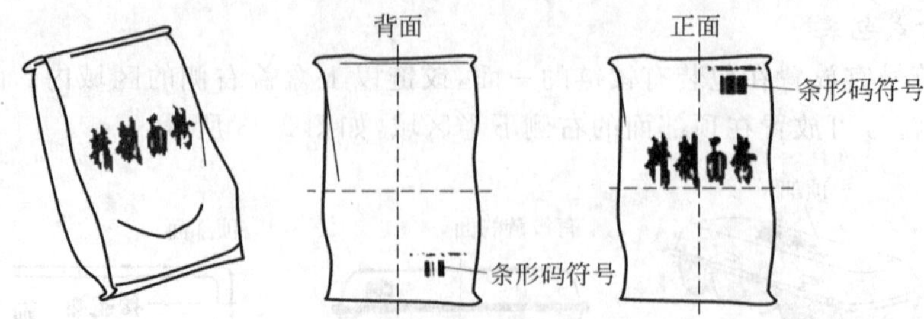

图 2-35　体积大或笨重的袋型包装两面放置条形码符号示例

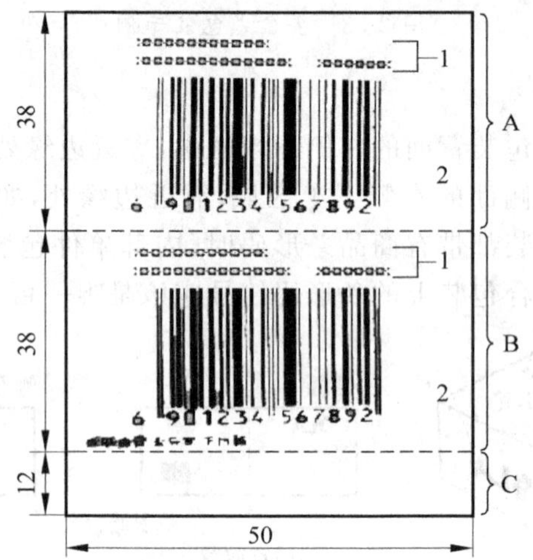

图 2-36　双重条形码符号标签示例

1—销售商的货号和商品项目说明；2—穿孔线；A—标签的 A 部分；

B—标签的 B 部分；C—标签的 C 部分(辅助贴条)

说明：图中所标尺寸为最小尺寸，单位为 mm。

面的条形码进行结算，然后将该部分销毁。标签的 A 部分保留在商品包装上供查验。当粘贴双重条形码符号标签的包装不作为商品运输过程的外包装时，双重条形码符号标签的 C 部分(辅助贴条)可以省去。

13．其他形式

对于一些无包装的商品，商品条形码符号可以印在挂签上，如图 2-37 所示。如果商品

图 2-37　条形码符号挂签示例

有较平整的表面且允许粘贴或缝上标签，条形码符号可以印在标签上，如图 2-38 所示。

图 2-38　条形码符号标签示例

步骤三　将条形码标签粘贴好

在完成条形码正确认知的前提下，根据商品条形码的位置原则，将各类包装的条形码标签粘贴好。

任务 2.2　RFID 的具体应用

❖任务分析

通过本任务的学习，掌握 RFID(射频识别技术)的相关知识，并能熟练应用 RFID 技术。

本任务详细介绍了射频识别技术(RFID)在入库、出库过程中的使用，包括了 RFID 组织商品上托盘、RFID 组织托盘上架、RFID 拣货出库的完整过程。

❖工作步骤

步骤一　RF 组织托盘

(1) 登录 RF，界面如图 2-39 所示。

(2) 在 WMS-RF 主界面中(见图 2-40)，单击“入库作业”按钮，进入“WMS-RF 入库

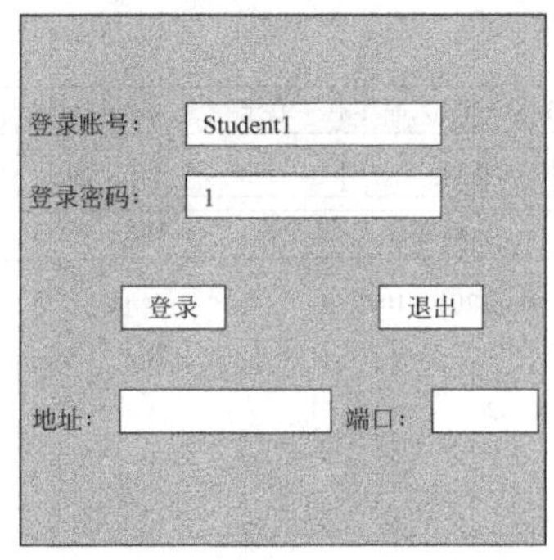

图 2-39　RFID 设备登录界面

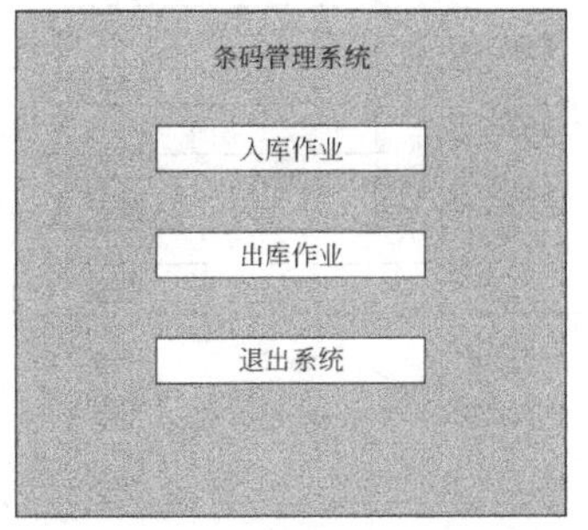

图 2-40　WMS-RF 主界面

作业”界面。

（3）在“WMS-RF 入库作业”界面中（见图 2-41），选择一个入库单状态是待组托的入库单 HYB2010110777R，单击“组托”按钮，进入“WMS-RF 入库作业—组托”界面，如图 2-42 所示。

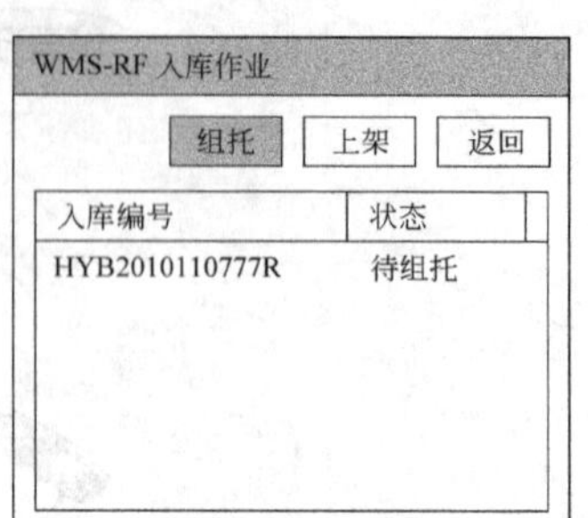

图 2-41 “WMS-RF 入库作业”界面

（4）在“WMS-RF 入库作业—组托”界面中（见图 2-43），将光标移动到“托盘”的输入框内，用 RF 扫描托盘的标签 53500。

（5）扫描托盘标签 53500 之后，将光标移动到“货品”的输入框内，用 RF 扫描货品的标签 80602，RF 会自动地将扫描的货品 80602 的数量显示在“数量”输入框中。扫描货品 80602 之后，如果还有货品 80602 放到此托盘 53500 上，在“数量”输入框中输入相应的数量。

（6）如果放到此托盘 53500 上的所有货品 80602 扫描完成，如图 2-43 所示，单击“确定”按钮。

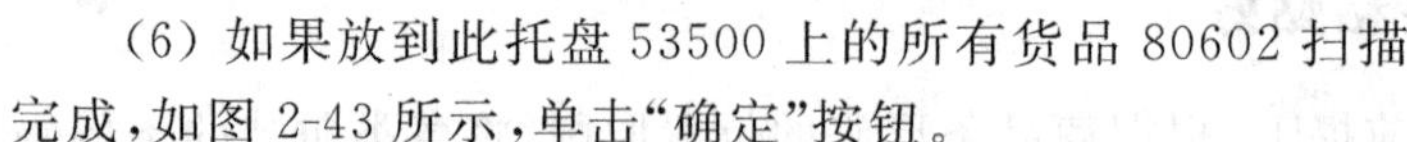

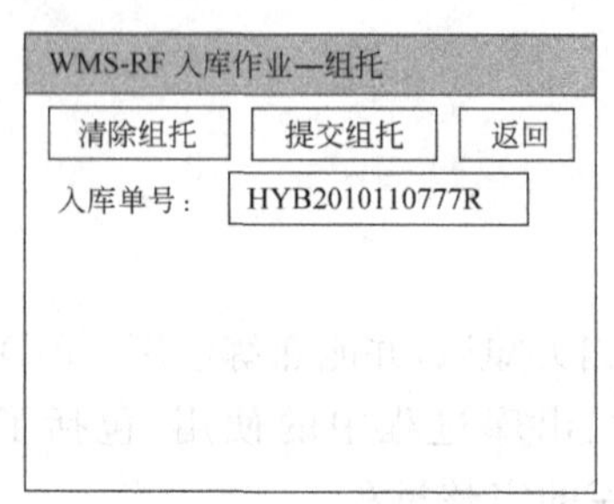

图 2-42 “WMS-RF 入库作业—组托”界面

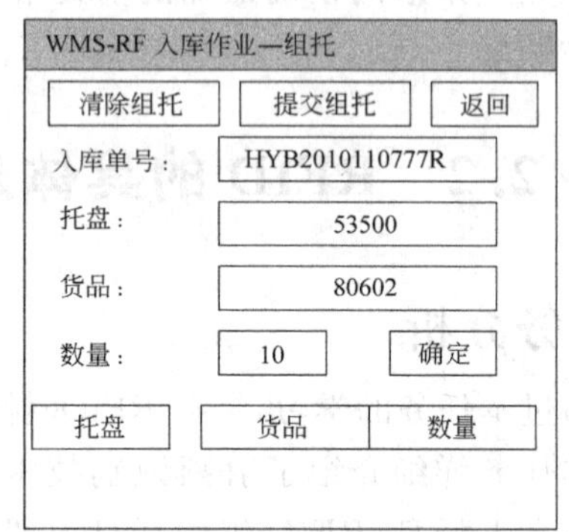

图 2-43 货品扫描完成界面

（7）重复第（4）步至第（6）步，组托本入库单 HYB2010110777R 上其他的货品，本入库单 HYB2010110777R 所有货品组托完毕，如图 2-44 所示，单击“提交组托”按钮。

（8）提交组托成功的提示如图 2-45 所示。

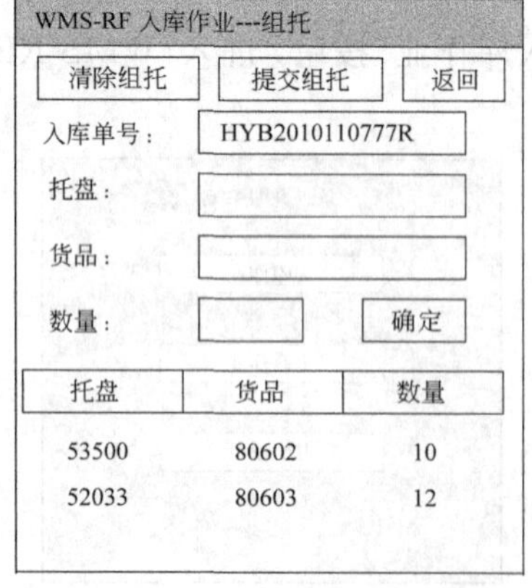

图 2-44 RFID 提交组托界面

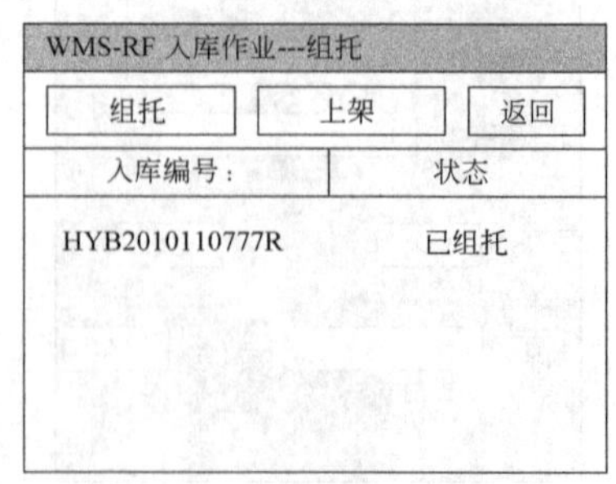

图 2-45 货物组托完成界面

步骤二　RF 上架

(1) 用账号登录 RF,界面如图 2-39 所示。

(2) 在 WMS-RF 主界面中(见图 2-40),单击"入库作业"按钮,进入"WMS-RF 入库作业"界面。

(3) 在"WMS-RF 入库作业—组托"界面中(见图 2-45),选择一个入库单状态是已组托的入库单 HYB2010110777R,单击"上架"按钮,进入"WMS-RF 入库作业—上架"界面。

(4) 在"WMS-RF 入库作业—上架"界面中(见图 2-46),将光标移动到"托盘"的输入框内,用 RF 扫描托盘的标签 180100。

(5) 扫描托盘标签 53500 之后,将光标移动到"仓位"的输入框内,用 RF 扫描仓位的标签 51004,扫描结果如图 2-47 所示。

图 2-46　"WMS-RF 入库作业—上架"界面

图 2-47　扫描仓位结果界面

(6) 重复第(4)步和第(5)步,上架本入库单 HYB2010110777R 上其他的托盘。本入库单 HYB2010110777R 所有托盘上架完毕后,如图 2-48 所示,单击"提交上架"按钮。

(7) 提交上架成功的提示如图 2-49 所示。

图 2-48　RFID 提交上架界面

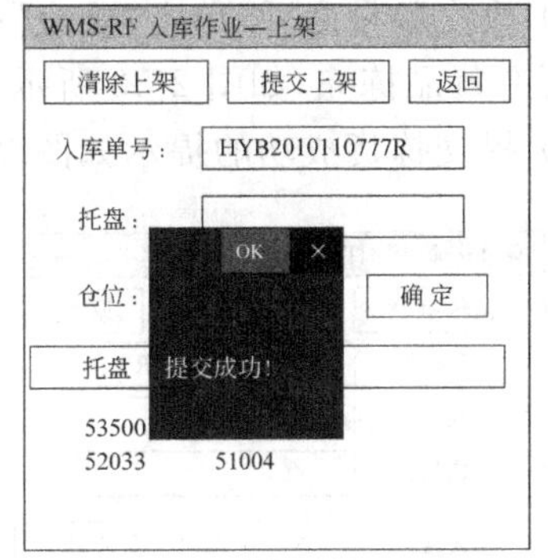

图 2-49　提示上架成功界面

步骤三　RF 拣货出库

(1) 用账号登录 RF,界面如图 2-39 所示。

(2) 在WMS-RF主界面中(见图2-40),单击"出库作业"按钮,进入"WMS-RF出库作业"界面。

(3) 在"WMS-RF出库作业"界面中(见图2-50),选择一个出库单状态是待拣货的出库单HYB2010110777R,单击"拣货"按钮,进入"WMS-RF出库作业—拣货"界面。

WMS-RF 出库作业

组托 拣货 返回

出库编号	状态
HYB2010110777R	待拣货

图 2-50 "WMS-RF出库作业"界面

(4) 在"WMS-RF出库作业—拣货"界面中(见图2-51),将光标移动到"仓位"的输入框内,用RF扫描仓位的标签51006。

(5) 扫描仓位标签51006之后,将光标移动到"货品"的输入框内,用RF扫描货品的标签80602,RF会自动地将扫描的货品80602的数量显示在"数量"输入框中。扫描货品80602之后,由于货品80602的待拣数量是6,所以将"数量"输入框中的值改为6,如图2-52所示。

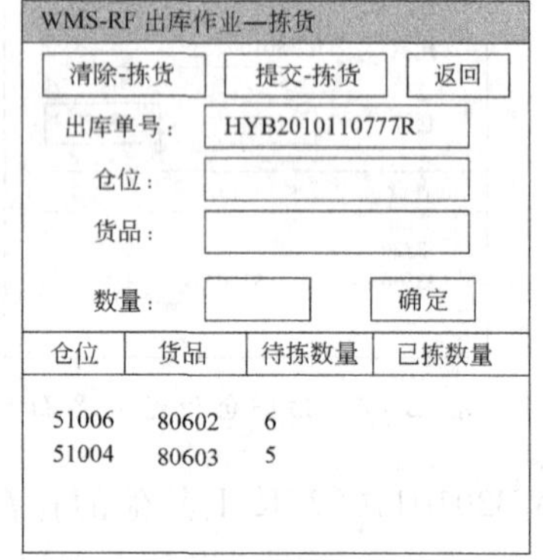

图 2-51 "WMS-RF出库作业—拣货"界面

图 2-52 拣货数量修改界面

(6) 改完数量之后,单击"确定"按钮。重复第(4)步和第(5)步,拣本出库单上的其他货品,所有货品拣完,如图2-53所示,单击"提交-拣货"按钮。

(7) 提交拣货成功的提示如图2-54所示。

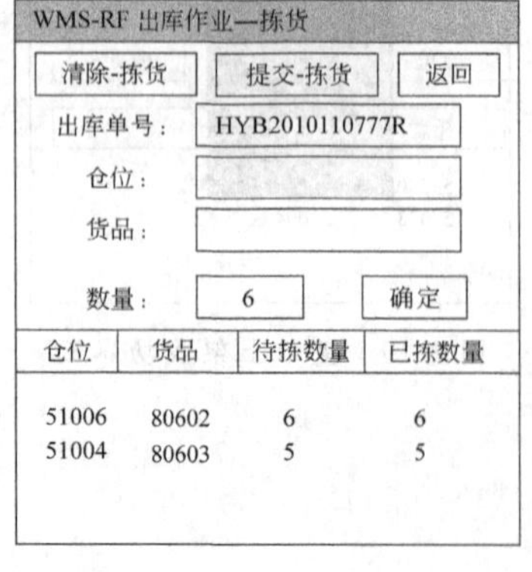

图 2-53 拣货数量修改完成界面

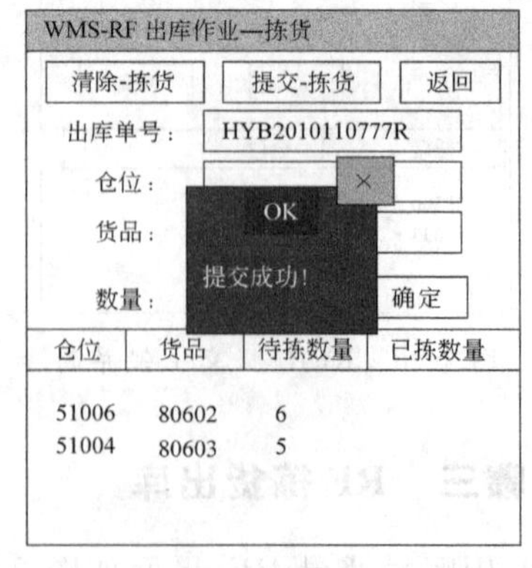

图 2-54 提交拣货成功界面

RFID在数字化仓库管理信息系统中应用的一般业务流程如下。

1. 入库

(1) 货运卡车到达仓库后，由卡车司机将调拨单交给库管员，由库管员根据调拨单的品种和数量进行核对，如果正确，进入下一步流程，否则拒绝收货。

(2) 由库管员录入入库明细，由系统自动生成收货单交给卡车司机。

(3) 入库操作员指挥组织成为整托盘货，并用叉车把组配完的实托盘叉取送到升降输送机站台上。

(4) 操作人员录入品牌、数量等信息，通过RFID阅读器读取托盘信息，并确认组盘，同时信息数据通过入库计算机录入到数据库中。此时，系统自动给托盘分配货位。

(5) 托盘通过升降输送机等自动输送设备被送到指定楼层的叉车取货台上。

(6) 叉车工通过RFID阅读器读出托盘所存位置。

(7) 叉车工把托盘放到指定货位并报完成，此时系统认为此托盘已经完成搬运。

2. 出库

(1) 系统从公司已有的物流仓储系统中获取出库信息。

(2) 操作人员在发货计算机上根据订单确认出库信息。

(3) 出库信息通过发货计算机自动产生出库任务，并且通过仓库的无线局域网把出库信息下达到叉车的车载工作站(计算机)。

(4) 根据物品的“先入先出”、整托盘直接分配出库等原则进行取货。

(5) 叉车工人根据车载终端给出的取货信息，通过车载RFID阅读器识别托盘上的RFID标签找到指定托盘，确认托盘RFID标签信息与取货信息一致，叉车工把托盘取出放入提升机送到分拣车间配货区。

(6) 整托盘送达分拣配货区以后，由检验人员使用手持终端进行验货。

(7) 通过检验的托盘送到指定暂存区暂存，等待分拣。

(8) 分拣出库后，该系统要求向现行系统提交出库完成信息。

任务2.3 GPS的具体应用

❖任务分析

通过本任务的学习，掌握GPS(全球定位系统)的相关知识，并能熟练使用GPS技术。

本任务要求能够独立完成车载GPS追踪器安装测试，要求细致认真，完全按照步骤进行操作，掌握在物流运输跟踪设备使用方面的最基本技能，同时掌握GPS的构成及使用原理。

❖工作步骤

此任务的工作步骤共分为三步。

步骤一　将装机的SIM卡激活

将装机的SIM卡激活后装入设备,接上GPS、GSM天线,然后打开设备的备用电源,观察状态指示灯(红灯)是否正常(一闪一闪),GPS信号灯(绿灯)亮表示设备已经定到位置。

步骤二　状态正常后进行指令设置

(1) 拨打设备SIM卡号码,收到定位信息(经、纬度)表示GSM工作正常;

(2) 设置报警主号:分别发短信"rcvnu1=车主号码"和"rcvnu2=紧急号码"到设备SIM卡号上。

步骤三　查验汽车电路接线

(1) 找出设防、撤防接入线。

用遥控器查中控步进电机控制线(原车遥控信号比较窄,触发不了设备),确认是高电平或低电平控制。若是高电平控制就以设备③脚(黄色)为设防,⑤脚(绿色)为撤防接入线;若是低电平控制,就以设备⑥脚(粉红色)为设防,④脚(棕色)为撤防接入线。

测试:接好后用遥控器设防,观察设备状态指示灯(红灯),如有10s长亮,则设防成功;撤防后指示灯恢复一闪一闪正常状态,即设防、撤防接线正常。

(2) 找ACC(高电平)线接设备⑨脚(白色)。

测试:设防后做开电门动作,收到短信(车辆被非法启动)和来电提醒为正常。

(3) 原车没有装防盗器的要装刹车线和ACC关掉后的中控控制。

① 刹车线。找出控制刹车的高电平线,接入设备的⑩脚(橙色)。如(原车锁门是高电平控制)设备的中控一⑥脚(白色)(公共端),则接电源;如(原车锁门是低电平控制)设备的中控一⑥脚(白色)(公共端),则接地。③脚(黄色)接到原车中控锁门控制线。

② ACC关掉后的中控控制。在设备中的中控二⑦脚(白/黑色)(公共端),如原车开门控制是高电平,则接电源;如原车门是低电平,则接地。⑧脚(黄/黑色)接到原车中控开门控制线。

测试:撤防后,启动电门过30s后踩刹车,有锁门过程;关掉ACC后有开锁过程为正常。

(4) 原车没有装防盗设备,用遥控器设防、撤防时左、右灯没有闪灯状态的先找出左、右灯线接到设备的左、右灯输出线上。

测试:用遥控器设防左、右灯闪一次,撤防左、右灯闪两次为正常。

(5) 边门开、关触发接线,是高电平就接⑦脚(蓝色),是低电平就接⑧脚(紫色)。

测试:

① 设防,12s后做非法开车门动作,收到短信(车被非法进入)和来电提醒,正常;

② 开门再设防,12s后收到短信(设防时车门还没有关好)和来电提醒,为正常。

(6) 接入振动传感器。

测试:使车辆连续振动5s后,收到短信(车辆振动报警)为正常。

(7) 接紧急报警线。

在驾驶员方便操作的适当位置(如方向盘下方)。

测试：按紧急按钮，收到短信(设备紧急报警)、定位信息(经、纬度)及来电提醒，正常。

(8) 接油泵控制线。

找出油泵控制线与配置的继电器串联，设备中⑩脚(紫色)是低电平，输出接在继电器控制端，继电器另一端接电源。

测试：开启ACC，发送信息“b234b”到设备SIM卡号上，接到指令后继电器会有间隔1s的10次断油动作，10s后切断油路，发动机自动熄火，再发“C345”到设备SIM卡上，油路恢复，正常(用撤防也会恢复油路)。

(9) 完成上述安装过程后再重新测试一遍，确保设备正常后再发送“enany=0”的关闭查车与车辆控制指令(最好由车主本人来完成此指令)。

▲ 项目小结

本项目内容涉及了条形码应用系统的运作流程，商品条形码和物流标签的位置原则及商品条形码在各类包装上的所在位置，条形码技术的相关知识及条形码技术的应用；介绍了如何完成GPS导航仪的安装与测试，GPS的构成和定位原理及GPS的应用，RFID的构成、分类，应答器及GIS的主要知识，EDI的构成、标准、应用与发展等内容。

▲ 思考与练习

一、简答题

1. 常见的条形码设备有哪些？
2. 简述商品条形码和物流标签的位置原则。
3. 简述条形码的定义、条形码的分类以及条形码的构成和识读方法。
4. 简述RFID的构成、分类。
5. 了解EDI的构成及应用。
6. 了解GIS(地理信息系统)的概念、功能及常见的GIS软件。
7. 简述GPS的构成。

二、实训题

1. 正确判断并粘贴常见的商品包装上的条形码标签。

实训条件：装有条形码制作软件的条形码打印机(也可手工制作条形码)。

实训内容：

(1) 分组练习，4人1组，第一组成员共同搜集各种形态的包装；

(2) 第二组成员将包装按其形态快速分类；

(3) 第三组人员根据第一组成员搜集的包装进行条形码制作；

(4) 第四组成员将制作好的条形码在搜集的包装上进行商品条形码和物流标签的粘贴;

(5) 教师验收并点评。

2. 独立完成GPS车载导航仪的安装与测试并写出操作步骤。

实训条件:GPS导航仪、自行车及GPS定位管理软件。

实训内容:

(1) 分组练习,4~6人1组,第一组成员将GPS在家用小汽车或自行车上进行安装;

(2) 第二组成员完成GPS的安装测试;

(3) 第三组成员驾乘安装了GPS的车辆;

(4) 教师及成员获取GPS行驶线路的数据。

3. 独立完成RFID射频识别技术在WMS中的应用。

实训条件:货架、托盘、WMS系统及RFID设备。

实训内容:

(1) 分组练习,4~6人1组,第一组成员用RFID终端组织商品上托盘(在入库的作业过程中用手持终端进行收货、验货及货物入库的信息处理);

(2) 第二组成员完成托盘上架,应用了射频识别技术(RFID)的WMS用RFID组织的托盘上架,即通过RFID系统进行托盘的储位确定;

(3) RFID拣货出库,即货物从货架取出后,用手持终端拣选配货完整过程。

4. GIS地理信息配送规划实训。

实训条件:地理信息配送规划软件。

实训内容:完成集货点设置,客户信息及收货人信息录入及订单管理。

5. GPS查询定位计划管理实训。

实训条件:GPS定位系统一套或GPS定位管理软件。

实训内容:完成对于车辆跟踪定位的计划、时间和频率的设置,此信息设置后GPS系统将可以根据计划在指定时间查询车辆的具体位置。

项目三

物流管理信息系统分析

▲ 学习目标

- 了解物流管理信息系统的由来及作用；
- 明确系统分析的流程及关键步骤；
- 掌握信息系统开发的几种常用方法；
- 掌握信息系统分析的流程和系统分析报告的撰写。

▲ 项目描述

本项目介绍物流信息系统开发的方法、物流管理信息系统的分析过程。在物流信息系统开发的方法中介绍了系统开发的相关概念，然后对开发系统的几种常用方法进行讲述，最后介绍了管理信息系统分析的流程。

▲ 专业知识

一、物流管理信息系统开发方法

(一) 系统开发概述

从信息系统的发展和系统特点来看,信息系统可分为数据处理系统(Data Processing System,DPS)、管理信息系统(Management Information System,MIS)、决策支持系统(Decision Sustainment System,DSS)、专家系统(人工智能(AI)的一个子集)和虚拟办公室(Office Automation,OA)五种类型。

信息系统的开发涉及计算机技术基础与运行环境,包括计算机硬件技术、计算机软件技术、计算机网络技术和数据库技术。其中软件分为系统软件和应用软件。系统软件是指为管理、控制和维护计算机及外设,以及提供计算机与用户界面的软件。

管理信息系统的开发原则如下:

(1) 创新原则。计算机技术的发展十分迅速,要及时了解掌握新技术,使目标系统较原系统有质的飞跃。

(2) 整体原则。企业的管理工作可以视为一个闭环系统,开发的目标应当是完善这个闭环系统。

(3) 不断发展原则。为了提高使用率,有效地发挥 MIS 的作用,应当注意技术的发展和环境的变化。

(4) 经济性原则。一个比较合理的 MIS 应与该企业的实际水平挂钩,确保其经济实用性。

(5) 系统原则。管理信息系统作为一个系统,具备系统的基本特性,它可以分解为一组相互关联的子系统,这些子系统各自有其独立的功能,有其边界、输入与输出。

(6) 用户导向原则。管理信息系统的开发包括用户自己,用户不仅是使用管理信息系统的主人,也是开发管理信息系统的主人。只有系统开发人员与用户真诚合作,才是系统成功的关键。

信息系统的开发方法主要包括结构化开发方法、原型法开发方法和面向对象方法等。

(二) 结构化开发方法

结构化开发方法(Structured System Development Methodology)是目前应用得最广泛的一种开发方法,其将开发过程视为一个生命周期,所以又称生命周期法。该方法是用系统的思想和系统工程的方法,按照用户至上的原则结构化、模块化、自顶向下对系统进行分析与设计。结构化开发方法是自顶向下、逐步求精的方法,既符合用户的思维习惯和使用要求,又能根据用户的动态需求调整设计方案,降低了风险,提高了开发效率。其主要特点如下:

(1) 自顶向下分析设计和自底向上逐步实施;

(2) 深入调查研究和用户至上原则;

(3) 严格区分工作阶段和开发过程工程化;

(4) 充分预料可能发生的变化。

结构化开发方法的优点:①从系统整体出发,强调在整体优化的条件下"自上而下"地分析和设计,保证了系统的整体性和目标的一致性;②遵循用户至上原则;③严格区分系统开发的阶段性;④每一阶段的工作成果是下一阶段的依据,便于系统开发的管理和控制;⑤文档规范化,按工程标准建立标准化的文档资料。

结构化开发方法的缺点:①用户素质或系统分析员和管理者之间的沟通问题;②开发周期长,难以适应环境变化;③结构化程度较低的系统在开发初期难以锁定功能要求。

结构化开发方法主要适用于规模较大、结构化程度较高的系统的开发。

(三) 原型法开发方法

原型就是模型,而原型系统就是应用系统的模型。与结构化系统开发方法不同,原型法(Prototyping Approach)开发方法不注重对管理系统进行全面、系统的详细调查与分析,而是本着系统开发人员对用户需求的理解,先快速实现一个原型系统,然后通过反复修改来实现管理信息系统。其开发是一个分析、设计、编程、运行、评价多次重复,不断演进的过程。

原型法开发方法贯彻的是"从下到上"的开发策略,它更易被用户接受。原型法开发方法具有如下几方面的特点。

(1) 原型法开发方法自始至终强调用户的参与,使得用户在系统生存周期的设计阶段起到积极的作用,扩大用户参与需求分析、初步设计及详细设计等阶段的活动,加深对系统的理解,减少系统开发的风险。

(2) 原型法开发方法在用户需求分析、系统功能描述以及系统实现方法等方面有较大的灵活性。特别是在大型项目的开发中,由于对项目需求的分析难以一次完成,应用原型法开发方法效果尤为明显。

(3) 原型法开发方法引入了迭代的概念。它既适用于系统的重新开发,也适用于对系统的修改,还可以用来建立系统的某个部分。

(4) 原型法开发方法不仅仅局限于对开发项目中的计算机方面进行设计,第三层原型法开发方法是用于制作系统的工作模型的。快速原型法开发方法要取得成功,要求有像第四代语言(4GL)这样良好的开发环境与工具的支持。

(5) 原型法开发方法不排斥传统生命周期法中采用的大量行之有效的方法和工具,它是与传统方法互为补充的方法。

原型法开发方法的优点:①符合人们认识事物的规律,系统开发循序渐进,反复修改,确保较好的用户满意度;②开发周期短,费用相对少;③由于有用户的直接参与,系统更加贴近实际;④易学易用,减少用户的培训时间;⑤应变能力强。

原型法开发方法的缺点:①不适合大规模系统的开发;②开发过程管理要求高,整个开发过程要经过"修改—评价—再修改"的多次反复;③用户过早看到系统原型,误认为系统就是这个模样,易使用户失去信心;④开发人员易将原型取代系统分析;⑤缺乏规范化的文档资料。

原型法开发方法主要适用于处理过程明确、简单及涉及面窄的小型系统。

(四) 面向对象方法

面向对象方法(Object-Oriented Method)是一种把面向对象的思想应用于软件开发过程中,指导开发活动的系统方法,简称OO方法,是建立在"对象"概念基础上的方法学。面向对象方法的基本思想是通过对问题领域进行自然的分割,用更接近人类通常思维的方式建立问题领域的模型,并进行结构和行为模拟,从而使设计出的软件尽可能直接表现出问题的求解过程。

面向对象方法用于开发软件系统时,基于对象(数据)自底向上设计系统结构,从内部结构上模拟客观世界,其主要特点如下:

(1) 从问题领域的客观事物出发来构造软件系统,用对象作为对这些事物抽象的表示;

(2) 利用面向对象语言开发软件,实际上就是不断设计和创建类及对象的过程;

(3) 当一对象发出消息后,由接收对象负责处理,提高了程序执行效率;

(4) 每一对象的内部状态和功能实现细节对外均是不可见的,提高了程序的可靠性;

(5) 继承性保证了程序结构紧凑、关系清晰。

面向对象方法的优点:①分析、设计中的对象和软件中的对象具有一致性;②实现软件复用,简化程序设计;③系统易于维护;④缩短开发周期。

面向对象方法的缺点:不易于大系统的开发。

就适用范围而言,在大型管理信息系统的开发中,面向对象方法和结构化开发方法相互依存,不可替代。

通过以上分析可见,结构化开发方法、原型法开发方法和面向对象开发方法各有千秋(见表3-1)。

表3-1 开发方法的比较

方法名称	开发思想	优 点	缺 点	适用范围
结构化开发方法	自顶向下	便于系统开发的管理和控制	开发周期较长,环境变化适应性差	适用于规模较大,结构化程度高的系统
原型法开发方法	从模块到整体	用户的直接参与使系统更贴近实际,应变能力强	缺少规范化的文档资料,过程管理要求高	适用于处理过程明确、简单的系统
面向对象开发方法	根据已知进行调查和抽象对象	提高了系统的可维护性和可扩展性	不适合大系统的开发	适用面很广

(五) 系统分析工具简介

系统分析的主要任务是将在系统详细调查中所得到的文档资料集中到一起,对组织内部的整体管理状况和信息处理过程进行分析。它侧重于从业务全过程的角度进行分析。

系统分析的主要内容是业务和数据的流程是否通畅,是否合理;数据、业务过程和实现管理功能之间的关系;老系统管理模式改革和新系统管理方法的实现是否具有可行性等。

系统分析的目的是将用户的需求及其解决方法确定下来。这些需要确定的结果包括：开发者关于现有组织管理状况的了解，用户对信息系统功能的需求；数据和业务流程，管理功能和管理数据指标体系，新系统拟改动和新增的管理模型等。系统分析所确定的内容是今后系统设计、系统实现的基础。

下面介绍几种系统分析常用工具：判定表(decision table)、决策树(decision tree)、结构化语言(structure language)、数据流图(data flow diagram)。

1. 判定表

1) 判定表的含义

判定表是分析和表达多逻辑条件下执行不同操作情况的工具。判定表又称判断表，是一种呈表格状的图形工具，适用于描述处理判断条件较多，各条件又相互组合、有多种决策方案的情况。精确而简洁描述复杂逻辑的方式，将多个条件与这些条件满足后要执行动作相对应。但不同于传统程序语言中的控制语句，判定表能将多个独立的条件和多个动作直接的联系清晰地表示出来。

判定表的优点是，能够将复杂的问题按照各种可能的情况全部列举出来，简明并避免遗漏。因此，利用判定表能够设计出完整的测试用例集合。

在一些数据处理问题中，某些操作的实施依赖于多个逻辑条件的组合，即针对不同逻辑条件的组合值，分别执行不同的操作。判定表很适合于处理这类问题。

2) 判定表方法

判定表通常由以下四部分组成：条件桩——列出问题的所有条件；条件项——针对条件桩给出的条件列出所有可能的取值；动作桩——列出问题规定的可能采取的操作；动作项——指出在条件项的各组取值情况下应采取的动作。

将任何一个条件组合的特定取值及相应要执行的动作称为一条规则。在判定表中贯穿条件项和动作项的一列就是一条规则。规则的排列方式如表 3-2 所示。

表 3-2 规则排列方式

条件桩	条件项
动作桩	动作项

构造判定表的五个步骤如下：

(1) 确定规则的个数。有 n 个条件的判定表有 $2n$ 个规则(每个条件取真、假值)；

(2) 列出所有的条件桩和动作桩；

(3) 填入条件项；

(4) 填入动作项，得到初始判定表；

(5) 简化判定表，合并相似规则。

若表中有两条以上规则具有相同的动作，并且在条件项之间存在极为相似的关系，便可以合并。合并后的条件项用符号“—”表示，说明执行的动作与该条件的取值无关，称为无关条件。

2. 决策树

1) 决策树的含义

决策树一般都是自上而下生成的。每个决策或事件(即自然状态)都可能引出两个或多个事件,导致不同的结果,把这种决策分支画成图形很像一棵树的枝干,故称决策树。

2) 决策树方法

(1) 选择分割的方法。选择分割的方法有几种,但是目的都是一致的:对目标类尝试进行最佳的分割。从根到叶子节点都有一条路径,这条路径就是一条"规则"。决策树可以是两叉的,也可以是多叉的。对每个节点的衡量方法:通过该节点的记录数;如果是叶子节点的话,通过分类的路径;通过对叶子节点正确分类的比例。有些规则的效果可以比其他的一些规则要好。

(2) 决策树的构成要素。决策树的构成有四个要素:决策结点、方案枝、状态结点、概率枝。

决策树四个要素的构成方式如图 3-1 所示。

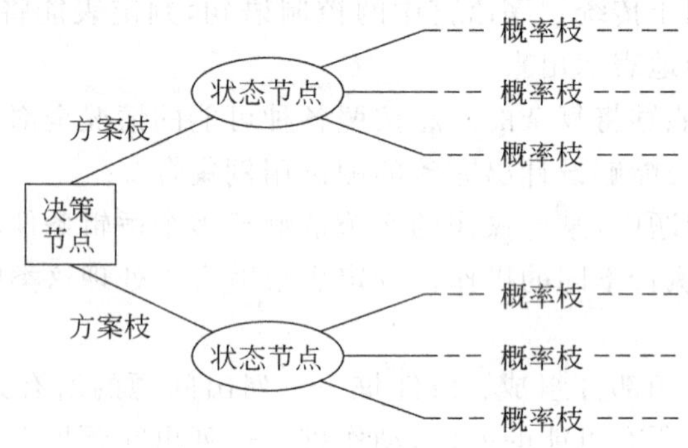

图 3-1　决策树四个要素的构成方式

总之,决策树一般由方块节点、圆形节点、方案枝、概率枝等组成。方块节点称为决策节点,由节点引出若干条细支,每条细支代表一个方案,称为方案枝;圆形节点称为状态节点,由状态节点引出若干条细支,表示不同的自然状态,称为概率枝。每条概率枝代表一种自然状态。在每条细枝上标明客观状态的内容和其出现概率。在概率枝的最末梢标明该方案在该自然状态下所达到的结果(收益值或损失值)。这样树形图由左向右,由简到繁展开,组成一个树状网络图。

3. 结构化语言

结构化语言是受结构化程序设计思想启发而扩展出来的。结构化程序设计只允许采用三种基本结构。结构化语言也只允许采用三种基本语句,即简单的祈使语句、判断语句和循环语句。与程序设计语言的差别在于,结构化语言没有严格的语法规定。与自然语言的不同在于,它只有极其有限的词汇和语句。结构化语言使用三类词汇:祈使句中的动词、数据字典中定义的名词以及某些逻辑表达式中的保留字。

1) 祈使语句

祈使语句指出要做什么事情,包括一个动词和一个宾语。动词指出要执行的功能,宾语表示动作的对象,例如:计算工资、发补考通知。

使用祈使语句时,应注意以下几点。

(1) 力求精练,不应太长。

(2) 不使用形容词和副词。

(3) 动词要能明确表达执行的动作，不用“做”、“处理”这类意义太泛的动词；意义相同的动词，只确定使用其中之一。

(4) 名词必须在数据字典中有定义。

2) 判断语句

判断语句类似结构化程序设计中的判断结构，其一般形式如下：

```
如果 条件
  则 动作 A
否则 (条件不成立)
     动作 B
```

判断语句中的“如果”、“否则”要成对出现，以避免多重判断嵌套时产生二义性外，书写时每层要对齐，以便阅读。

3) 循环语句

循环语句表达在某种条件下，重复执行相同的动作，直到这个条件不成立为止。

4. 数据流图

1) 数据流图的含义

数据流图(DFD)是一种能全面地描述信息系统逻辑模型的主要工具，它可以用少数几种符号综合地反映出信息在系统中的流动、处理和存储情况。数据流图是一种图形化技术，是系统逻辑功能的图形表示，描绘信息流和数据从输入移动到输出的过程中所经受的变换，它是分析员与用户之间极好的通信工具，也是分析和设计的工具。

DFD 由数据流、加工、数据存储和外部实体四个要素构成。外部实体是指存在于软件系统之外的人员或组织，它指出系统所需数据的发源地和系统所产生数据的归宿地。

2) 数据流图的几种符号

数据流图有以下四种基本图形符号。

→：箭头，表示数据流。

○：圆或椭圆，表示加工。

═：双杠，表示数据存储。

□：方框，表示数据的源点或终点。

(1) 数据流。数据流是数据在系统内传播的路径，因此由一组成分固定的数据组成。如订票单由旅客姓名、年龄、单位、身份证号、日期、目的地等数据项组成。由于数据流是流动中的数据，所以必须有流向，除了与数据存储之间的数据流不用命名外，数据流应该用名词或名词短语命名。

(2) 加工(又称为数据处理)。加工对数据流进行某些操作或变换。每个加工也要有名字，通常是动词短语，简明地描述完成什么加工。在分层的数据流图中，加工还应编号。

(3) 数据存储(又称为文件)，是指暂时保存的数据，它可以是数据库文件或任何形式的数据组织。

(4) 数据源点或终点，是软件系统外部环境中的实体(包括人员、组织或其他软件系统)，统称外部实体。它一般只出现在数据流图的顶层图中。

二、系统分析

(一)系统详细调查

系统详细调查的目的在于通过对现行系统进行全面、充分和详细的调查,完整掌握现行系统的现状,发现问题和薄弱环节,收集资料,为下一步的系统化分析和新系统的逻辑设计做好准备。

系统详细调查的主要内容包括:管理业务调查和数据流程调查。其中管理业务调查由组织结构调查、管理功能调查和业务流程调查构成。

1. 详细调查的原则

(1) 真实性。所谓真实性是指系统调查资料真实、准确地反映现行系统状况,不依照调查者的意愿反映系统的优点或不足。

(2) 全面性。任何系统都是由许多子系统有机地结合在一起而实现的。

(3) 规范性。有一套循序渐进、逐层深入的调查步骤和层次分明、通俗易懂的规范化逻辑模型描述方法。

(4) 启发性。需要调查人员逐步引导,不断启发,尤其在考虑计算机处理的特殊性而进行的专门调查中,更应该善于按使用者能够理解的方式提出问题,打开使用者的思路。

2. 详细调查的内容

(1) 系统的定性调查。定性调查主要是对现有系统的功能进行总结,包括组织结构的调查、管理功能的调查、工作流程的调查、处理特点的调查与系统运行的调查等。

(2) 系统的定量调查。定量调查的目的是弄清数据流量的大小、时间分布、发生频率,掌握系统的信息特征,据此确定系统规模,估计系统建设工作量,为下一阶段的系统设计提供科学依据。

3. 详细调查的方法

调查的方法多种多样,经常使用的方法如下:

(1) 问卷调查法。可以用来调查系统普遍性的问题,由初步调查结果可得到组织的基本情况。

(2) 召开调查会。这是一种集中调查的方法,适合于了解宏观情况。

(3) 调查人员直接参加业务实践。开发人员亲自参加业务实践,不仅可以获得第一手资料,而且便于开发人员和业务人员的交流,使系统的开发工作接近用户,用户更了解新系统。

(4) 查阅企业的有关资料。

(5) 个别访问。针对某些特殊问题或细节进行调查,可对有关的业务人员作专题访问,仔细了解每一步骤、方法等细节。

(6) 由用户的管理人员向开发者介绍情况。

(7) 其他还有专家调查等方法,可以根据系统调查的具体需要确定调查方法。

（二）系统可行性分析

系统可行性分析的目的在于，用最小的代价在尽可能短的时间内确定问题是否能够解决。可行性分析主要是评估问题是否值得解决，这需要客观分析。必须分析几种主要可能解法的利弊，从而判断原定的系统目标和规模是否现实，系统完成后能带来的效益是否大到值得投资开发这个系统的程度。

为了达到避免盲目投资，减少不必要的损失的目的，信息系统的可行性分析一般可从以下四个方面着手。

（1）技术上的可行性。根据系统的目标来考虑系统的软硬件设备、计算机联网能力、网络及数据安全保护设施、输入输出设备、大容量存储设备等。软件方面应重点考虑操作系统、数据库管理系统等配置和功能。技术力量则考虑技术人员经验和水平。在进行技术可行性分析时，还必须考虑该单位业务人员的文化素质，经过培训后是否能够承担使用和维护工作的可能性。

（2）经济上的可行性。系统的经济可行性分析是指估算系统开发和运行所需的费用，以及系统的效益，将投资和效益进行比较，说明在经济上是合算的。它包括设备费用、人员费用、材料费用和其他费用等。

（3）管理上的可行性。考虑当前系统的管理体制是否有条件提供系统所必需的各种数据。

（4）开发环境的可行性。企业领导的意见是否一致，有无资金，能否抽出骨干力量参加系统开发等。简单地说，就是企业能否为新系统的开发建设提供一个长期良好的环境，这是可行性阶段必须考虑的问题。

系统是为企业仓储管理的管理者开发的，使用对象是企业仓库的工作人员。由于系统界面设计友好，有详细的使用说明，用户只需要懂得简单的计算机操作知识，就能应用系统，因此系统完全可行。

（三）系统功能需求分析

1. 需求分析概述

需求分析是一个项目的开端，也是项目建设的基石。在以往建设失败的项目中，有80%是由于需求分析不明确而造成的，因此一个项目成功的关键因素之一，就是对需求分析的准确把握程度。需求分析的定义包括从用户角度（系统的外部行为），以及从开发者角度（一些内部性）来阐述需求，其任务简单地说就是做什么。

整个需求工程可以划分为需求开发和需求管理两部分。

需求开发可进一步分为问题的获取、分析以及编写规格说明和验证四个阶段。需求开发活动主要包括这几个方面，即确定产品所期望的用户类别，获取每个用户类的需求，了解实际用户的任务和目标以及这些任务所支持的业务需求。分析来源于用户的信息，可准确把握用户任务需求、功能需求、业务规则、质量属性、建议解决方法和附加信息等。

需求管理需要建立并维护在软件工程中同客户达成的协议，这一协议包含在编写的需求文档与模型中。客户的接受仅是需求成功的一半，开发人员也必须能够接受它们，并真正把需求应用到产品中。通常的需求管理活动包括:定义需求基线(迅速制定需求文档的主体),评审提出的需求变更、评估每项变更的可能影响从而决定是否实施。

2. 需求的类型

(1) 业务需求。反映了组织机构或客户对系统、产品较高层次的目标要求,以及它们在项目视图与范围文档中的详细说明。

(2) 用户需求。需求分析文档描述了用户使用产品必须要完成的任务,这在使用实例文档或方案脚本中予以说明。

(3) 功能需求。定义了开发人员必须实现的软件功能,以满足客户需求,使用户能完成他们的任务,从而满足业务需求。

3. 需求分析方法

(1) 自上而下(Top-Down)与自下而上(Bottom-Up)。自上而下,从物流企业管理的整体进行设计,从最顶层开始,逐层深入,直至清楚所有物流管理工作,进而从概要设计到详细设计,体现结构化的设计思想。自下而上,即采用搭积木的方式组成整个系统,缺点在于若考虑不周全可能忽视系统各个部件的有机联系。因此,两者结合是实际开发过程中常用的方法。

(2) 先分析后改进。物流企业内部的每一个管理部门和管理工作都是根据物流组织的具体情况和管理需要设置的,因此首先必须弄清楚这些管理工作存在的必要性、存在环境以及处理的详细过程;然后分析其在新的物流管理信息系统中有没有优化或者改进的可能。

(3) 全面与重点相结合。对于整个物流管理信息系统而言,开展全面详尽的调查工作是相当必要的。倘若某一时段只开发局部的物流管理信息系统(如仓储管理信息系统),则必须使用全面与重点相结合的方法。

4. 需求跟踪

需求跟踪是需求分析管理的一项重要内容,其主要意义在于获得需求目前的实现状态,确保用户的所有需求都得到满足。需求跟踪是跟踪一个需求使用期限的全过程,包括编制每个需求同系统元素之间联系的文档,这些元素包括体系结构、其他设计部件、源代码模块、测试、帮助文件等。需求跟踪提供了一种由需求到产品整个实现过程范围的明确查阅方法,其目的是建立与维护"需求—设计—编程—测试"之间的一致性,确保所有的工作成果符合用户需求。

需求跟踪有两种方式:正向跟踪,检查《产品需求规格说明书》中的每个需求是否都能在后继工作成果中找到对应点;逆向跟踪,检查设计文档、代码、测试用例等工作成果是否都能在《产品需求规格说明书》中找到出处。

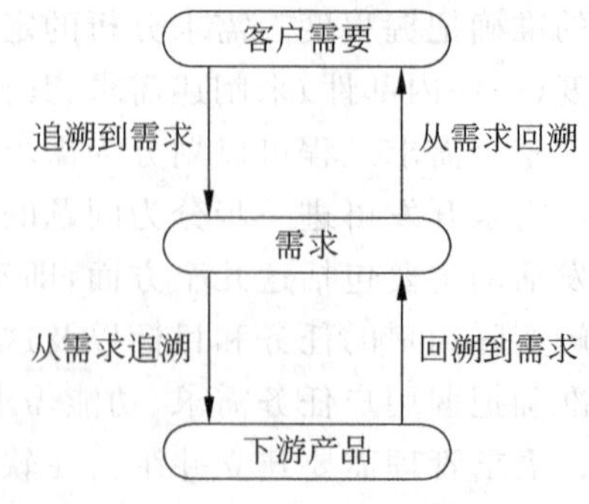

图 3-2 四类需求跟踪能力链

图 3-2 说明了四类需求跟踪能力链。客户需求可向前追溯到需求,这样就能区分出开发过程中或开发结束后由于需求变更受到影响的需求。同样,可以从需求回溯相应的客户需求,确认每个软件需

求的源头。图 3-2 的下半部分指出：由于开发过程中系统需求转变为软件需求、设计、编写等，所以通过定义单个需求和特定产品元素之间的(联系)链可从需求向前追溯。这种联系链可明确每个需求对应的产品部件，从而确保产品部件满足每个需求。第四类联系链是从产品部件回溯到需求，可得知每个部件的存在原因。

5. 业务流程分析

仓库管理也称为仓储管理，简称 WM，指的是对存储货物的收发、结存等活动的有效控制，其目的是为企业保证仓储货物的完好无损，确保生产经营活动的正常进行，并在此基础上对各类货物的活动状况进行分类记录，以明确的图表方式表达仓储货物在数量、品质方面的状况，以及目前所在的地理位置、部门、订单归属和仓储分散程度等情况的综合管理形式。

仓储首先是一项物流活动，或者说物流活动是仓储的本质属性。仓储不是生产，不是交易，而是为生产与交易服务的物流活动中的一项。这表明仓储只是物流活动之一，物流还有其他活动，仓储应该融于整个物流系统之中，应该与其他物流活动相联系、相配合。这一点与过去的“仓库管理”是有重大区别的。

仓储活动或者说仓储的基本功能包括了物品的进出、库存、分拣、包装、配送及其信息处理六个方面。其中，物品的出入库与在库管理可以说是仓储的最基本的活动，也是传统仓储的基本功能，只不过管理手段与管理水平得到了提升。物品的分拣与包装，过去也是有的，只不过现在更普遍、更深入、更精细，甚至已经与物品的出入库及在库管理相结合、共同构成现代仓储的基本功能。之所以将“配送”作为仓储活动、作为仓储的基本功能之一，是因为配送不是一般意义上的运输，而是仓储的自然延伸，是仓库发展为配送中心的内在要求；如果没有配送，仓储也就仍然是孤立的仓库。至于信息处理，已经是现代经济活动的普遍现象，当然也应是仓储活动的内容之一。离开了信息处理，也就不成其为现代仓储了。

仓储作业的全过程一般可以划分为三个阶段：入库阶段、库内管理阶段和出库阶段；按作业顺序可分为六个环节：接运、验收、入库、保管、出库和交付。每个环节又包含若干个具体工作程序，它们共同组成了仓储作业的完整体系。

仓储作业的业务流程如图 3-3 所示。

1) 入库管理

入库管理的主要内容有：进货商品与进货清单的核对；保管条形码贴附；在流动场所放置货物时，装入入库商品及物品的货架号后保管；在固定场所放置货物时，在贴附条形码的货架中保管，入库管理流程如图 3-4 所示。

(1) 入库前的准备工作。仓库保管人员需要根据仓储合同或者入库单、入库计划，及时地进行库场准备，以便货物能顺利地按时入库。因此首先必须熟悉入库货物，了解货物的品种、规格、数量、到库时间和保管要求；其次要掌握仓库情况，了解仓库的库容，及时清理仓库，并制订仓储计划，做好货位准备；再次，检查装卸搬运设备，根据货物确定所需要的设备，合理科学地制订卸车计划，保证作业效率；最后是文件单证准备，将货物入库所需的各种报表、单证、记录等妥善保管，以备使用。

(2) 接运。其主要任务是向托运者或承运者办理业务交接手续，及时将货物安全接

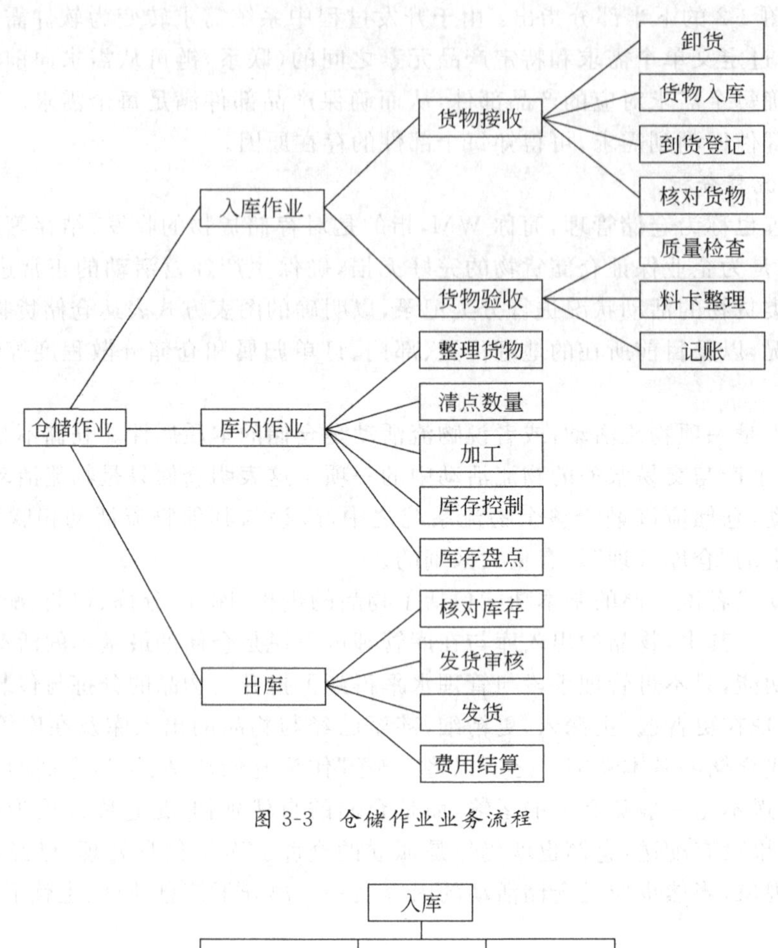

图 3-3 仓储作业业务流程

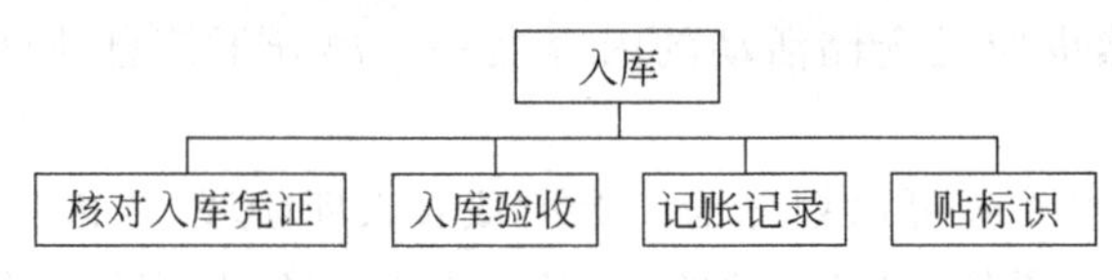

图 3-4 入库管理流程

回仓库。首先是提货,当托运方把货送到货栈后,根据托运单当场办理接货手续,检查外包装,清点数量,做好验收记录;其次是仓库验货,仓库保管人员先检查货物入库凭证,然后根据入库凭证开列的收货单位和货物名称与送交的货物内容和标记进行核对。

(3) 验收。凡供货单位提供的合格证、发货明细等均须与入库实物相符。检验货物包括检验数量、外观质量和包装三方面的内容,即复核货物数量是否与入库凭证相符,货物质量是否符合规定要求,货物包装是否保证在储存和运输过程中的安全。验收合格的货物应及时办理入库手续,建立货物信息卡,以便向供货单位表明收到货物的情况。

(4) 入库。首先是安排货位,为了方便出入库业务的操作,尽可能地缩短收、发货作业时间,以最少的库容,储存最大限量的货物,提高仓容的使用效能,因而安排货位尽可能合理化。其次是搬运,经过验收及货位安排后,搬运人员就在验收场地上把点验过的入库货物,分批送到预先安排的货位中。在搬运过程中,要尽量做到"一次连续搬运到位",力求避免入库货物的停顿和重复劳动,对有些批量大、送货频繁的入库货物,要利用托盘实行定额配载，加速货物入库。

2）库内管理

库内管理主要包括货物保管、货物养护、货物拣选、安全管理等项目。其中货物保管主要是每月对库存的货物进行实物盘点，并与仓库实物账核对，同时根据各种货物的不同种类特性，结合仓库条件，用不同方法分别存放，既可保证货物进出和盘存方便，又可避免货物之间相互影响。货物养护主要是严格货物入库，掌握库存物资的性能，合理安排储存场所，检查库容和仓库设备的运转情况。货物拣选主要是货物整理、拣选、配送、包装、复核和货物交接、验收、整理等。库内管理流程如图 3-5 所示。

(1) 验货。货物入库时，要对其数量、质量及包装等进行仔细检查。首先清点货物件数，是否根据合同约定进行包装；其次查验货物单重和尺度，以方便货位的合理分配和设备使用；最后是检查接收货物外表是否有包装破损、内容变质、标志不当和变形等问题。

(2) 剔除残损。在理货时发现货物外表破损，应及时剔除，避免与其他正常货物混淆。待理货结束后进行确定，确认内容是否受损以及受损程度，并及时制作残损报告。

(3) 货物拣选。仓库原则上采取分货种、分规格、分批次的方式储存货物，以保证仓储质量，理货是对货物进行确认和分拣作业，同时也是在货物出库前对货物进行核对。

(4) 安排货位和指挥作业。根据货物存放的位置，指定货物的存放区，并直接确定存放的位置。从不同仓库调用的货物，需要指挥作业人员按要求对调入货物进行入库，并确定货物的数量。安全管理主要是对仓库存放的货物进行安全检查，是否存在安全隐患，并对作业设备进行检查，是否有损坏，同时也加强仓库内部的安全管理，防止货物的丢失。

3）出库管理

出库管理的主要内容有：①备货品与客户订单核对；②制作发货单、运送单等单据；③根据发货数量进行派车；④装车后进行装载确认。

出库流程如图 3-6 所示。

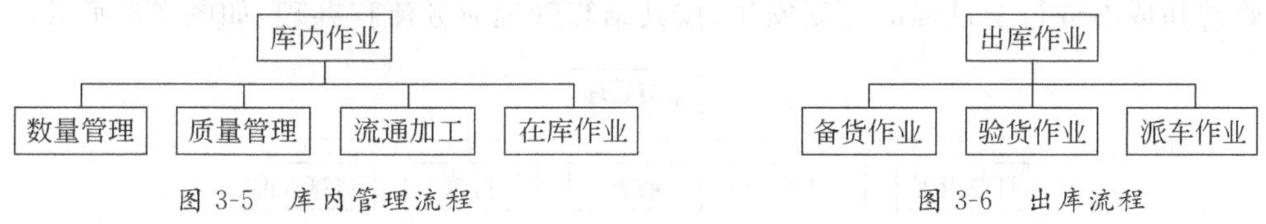

图 3-5　库内管理流程　　图 3-6　出库流程

(1) 出库前的准备工作。对货物原件进行整理，并根据货主需要对货物进行再加工或重新分装，同时也要准备装卸设备的调用和留出货物的理货区。

(2) 核对出库凭证。货物出库前，均需要核对出库凭证。仓库收到出库凭证后，由业务部门审核证件上的印章是否齐全相符。审核无误后，按照出库单证上所列的物资品名规格、数量与仓库料账再做全面核对。

(3) 备货。仓库按出库单上的货物信息进行配货。在货物出库时，应按出库单顺序排列货物，并仔细清点应付的数量。

(4) 全面复核查对。货物备好后，为了防止备货过程中出现差错，应再一次对出库单上的凭证内容进行逐项审核。

(5) 入账。当货物出库后，应及时到财务部门入账，并做财务登记。

(6) 交接清点。货物出库后,如果是用户自提,即可将货物与提货人当面点清,办理交接手续;如果是委托运输的方式,则应办理内部交接手续,并办理运输单,由运输人员将发货凭证、装箱单和运单一起交付收货人。当货物清点结束、出库发运后,仓库应及时做好清理工作,即时注销账目、腾空货位,以保证货物的账、物一致,使库容能反映货物的进出、存取状态。

4) 客户管理

仓储物流企业总是要面对不同的客户,每个客户都有自己个性化的需求。系统应该增加客户管理模块,专门来管理客户的相关信息。比如仓储物流企业租赁仓库,就可以对不同的客户设置不同的定价策略和服务方式。这些可以用系统管理起来,企业经营者掌握这些信息就可以为新客户定价提供依据。同时,系统提供客户远程信息查询的服务,客户管理对相关客户进行授权。经授权的客户就可以通过互联网访问系统的网站入口,查询客户关心的数据信息。这样,系统就把客户也加入到系统的使用者范围里来,按客户业务流程办理,如图 3-7 所示。

图 3-7　客户业务流程

客户管理模块中最重要的是客户关系管理。通过客户每月与企业之间的交易情况,对每个客户的统计信息进行汇总。仓储物流企业的决策者可以通过系统了解客户对企业的重要程度,同时对于客户每月的交易量变化也有所掌握。这样客户管理模块实际上是综合了以上各模块的数据信息,用客户的形式进行分类,给决策者的经营决策提供帮助。

5) 结算管理

在仓储企业的所有物流服务中,都面临仓储费用、运输费用、装卸费用、配货费用、加工费用、交易费用等费用的结算和管理,那么作为仓储企业为了改善自身的经营目的和实现预期的利润目标,就必须对经营过程中所需资金的筹集和形成、投放和分配、运用和周转、收益和成本进行全过程的计划安排,按其结算管理业务流程办理,如图 3-8 所示。

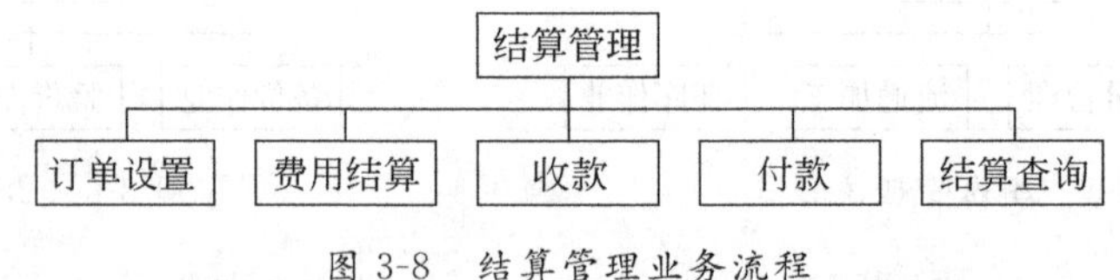

图 3-8　结算管理业务流程

在仓库信息系统中,结算管理分为三大部分,即一般财务管理、成本管理和固定资产管理。其中一般财务管理包含总账、应付、应收、现金管理、材料、销售核算等业务;成本管理包含成本核算、成本控制等业务;固定资产管理包含设备的更新与维修、库房的改造和扩建、仓库的扩建等业务。结算管理是集成信息的财务管理,即集成了账单设定、费用结算、收款管理、付款管理、费用查询、交易费用管理等与企业有关的财务活动。

6. 数据与数据流程分析

数据流图是描述系统数据流程的工具,它将数据独立抽象出来,通过图形方式描述信息的来龙去脉和实际流程;数据字典为数据库用户、数据库管理员、系统分析员和程序员提供某些数据项的综合信息。

数据流图描述数据流动、存储、处理的逻辑关系，也称为逻辑数据流程图，一般用DFD(Data Flow Diagram)表示。

1) 数据流图的基本成分

数据流程图用到四个基本符号，即外部实体、数据处理、数据流和数据存储。现分别介绍如下：

(1) 外部实体。外部实体是指系统以外又与系统有联系的人或事物。它表达该系统数据的外部来源和去处，例如顾客、职工、供货单位等。外部实体也可以是另外一个信息系统。

一般用一个正方形，并在其左上角外边另加一个直角来表示外部实体，在正方形内写上这个外部实体的名称。为了区分不同的外部实体，可以在正方形的左上角用一个字符表示。在数据流程图中，为了减少线条的交叉，同一个外部实体可在一张数据流程图中出现多次，这时在该外部实体符号的右下角画小斜线，表示重复。若重复的外部实体有多个，则相同的外部实体画数目相同的小斜线。外部实体的表示如图 3-9 所示。

(2) 数据处理。数据处理是指对数据的逻辑处理，也就是数据的变换。在数据流程图中，用带圆角的长方形表示数据处理。长方形分为三个部分，如图 3-10 所示。

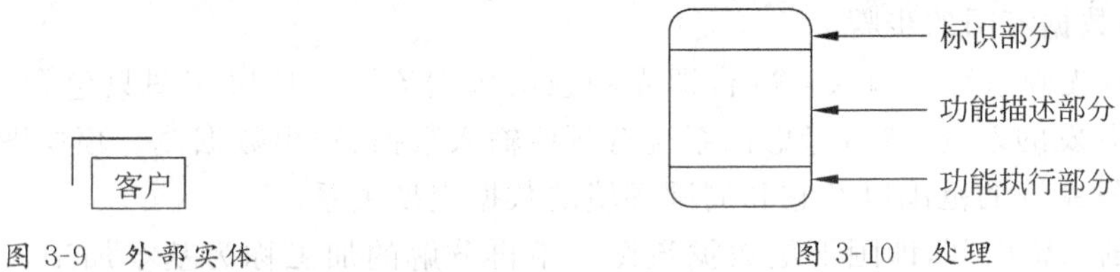

图 3-9　外部实体　　　图 3-10　处理

标识部分用来区别一个功能，一般用字符串表示，如 P1、P1.1 等。

功能描述部分是必不可少的，它直接表达这个处理的逻辑功能。一般用一个动词加一个作动词宾语的名词表示。

功能执行部分表示这个功能由谁来完成，可以是一个人，可以是一个部门，也可以是某个计算机程序。

(3) 数据流。数据流是指处理功能的输入或输出，用一个水平箭头或垂直箭头表示。箭头指出数据的流动方向。数据流可以是信件、票据，也可以是电话等。

一般说来，对每个数据流要加以简单的描述，使用户和系统设计员能够理解一个数据流的含义。对数据流的描述写在箭头的上方。一些含义十分明确的数据流也可以不加说明，如图 3-11 所示。

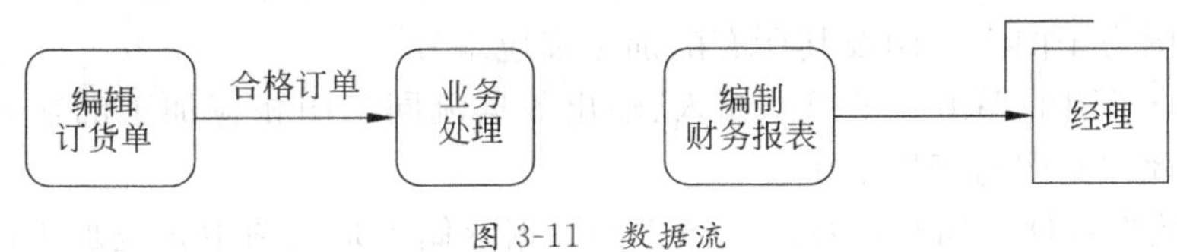

图 3-11　数据流

(4) 数据存储。数据存储表示数据保存的地方。这里的“地方”并不是指保存数据的物理地点或物理介质，而是指数据存储的逻辑描述。

在数据流图中,数据存储用右边开口的长方条表示。在长方条内写上数据存储的名字。名字也要恰当,以便用户理解。为了区别和引用方便,再加一个标识,用字母D和数字组成。为清楚起见,用竖线表示同一数据存储在图上不同地方的出现,如图3-12所示。

D2	产品

图3-12 数据存储

指向数据存储的箭头,表示送数据到数据存储(存放、改写等);从数据存储发出的箭头,表示从数据存储读取数据,如图3-13所示。

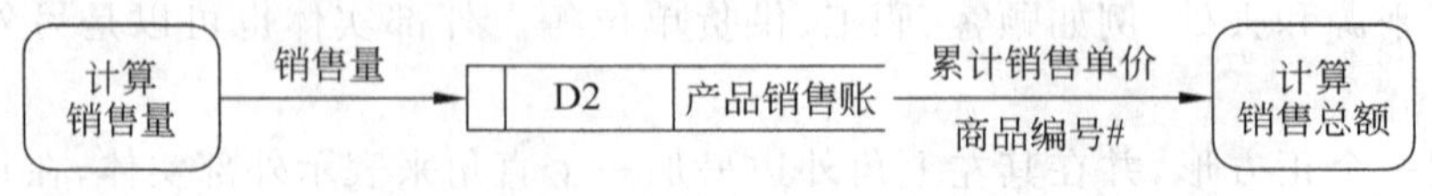

图3-13 数据的读取与存储

在系统分析中,数据流图是系统分析员与用户交流思想的工具。实践证明,只要对用户稍作解释,用户就能看明白。同时,适合对不同管理层次的业务人员进行业务调查。在调查过程中,随手就可记录有关情况,随时可与业务人员讨论,使不足的地方得到补充,有出入的地方得到纠正。在此基础上,系统分析员应对图的分解、布局进行适当调整,画出正式图,使之更好。

2)画数据流图的步骤

(1)首先画系统的输入、输出,即先画顶层数据流图。顶层流图只包含一个加工,用以表示被开发的系统,然后考虑该系统有哪些输入数据、输出数据流。顶层图的作用在于表明被开发系统的范围以及它和周围环境的数据交换关系。

(2)画系统内部,即画下层数据流图。不再分解的加工称为基本加工。一般将层号从0开始编号,采用自顶向下、由外向内的原则。画0层数据流图时,分解顶层流图的系统为若干子系统,决定每个子系统间的数据接口和活动关系。

(3)注意事项如下:

① 命名。不论数据流、数据存储还是加工,合适的命名使人们易于理解其含义。

② 画数据流而不是控制流。数据流反映系统"做什么",不反映"如何做",因此箭头上的数据流名称只能是名词或名词短语,整个图中不反映加工的执行顺序。

③ 一般不画物质流。数据流反映能用计算机处理的数据,并不是实物,因此对目标系统的数据流图一般不要画物质流。

④ 每个加工至少有一个输入数据流和一个输出数据流,反映出此加工数据的来源与加工的结果。

⑤ 编号。如果一张数据流图中的某个加工分解成另一张数据流图时,则上层图为父图,直接下层图为子图。子图及其所有的加工都应编号。

⑥ 父图与子图的平衡。子图的输入、输出数据流同父图相应加工的输入、输出数据流必须一致,此即父图与子图的平衡。

⑦ 局部数据存储。当某层数据流图中的数据存储不是父图中相应加工的外部接口,而只是本图中某些加工之间的数据接口,则称这些数据存储为局部数据存储。

⑧ 提高数据流图的易懂性。注意合理分解,要把一个加工分解成几个功能相对独立的子加工,这样可以减少加工之间输入、输出数据流的数目,增加数据流图的可理解性。

7. 系统分析报告

1）系统分析说明书

系统分析报告又称系统分析说明书，是系统分析阶段的成果和重要文档。它反映了这一阶段调查分析的全部情况，是下一步设计与实现系统的主要依据。用户可以通过系统分析报告来验证和认可新系统的开发策略的开发方案，系统设计师则可以用来知道系统设计工作和作为以后的系统设计标准。此外，系统分析报告还可作为评价项目成功与否的标准。一份合格的系统分析报告不仅能充分展示前段调查的结果，还要能反映系统分析结果——新系统逻辑方案。系统分析报告应达到的基本要求是全面、系统、准确、翔实、清晰地表达系统开发的目标、任务和系统功能。

系统分析说明书的格式如下：

1. 引言
(1) 摘要：系统的名称、目标及主要功能。
(2) 背景资料：包括系统开发的承担者、用户等。
(3) 参考与引用的资料及专门术语。
2. 系统概述
(1) 系统目标；
(2) 主要工作内容；
(3) 企业概况及组织结构；
(4) 可行性分析报告。
3. 需求分析
(1) 用户需求分析；
(2) 系统功能分析；
(3) 数据分析。
4. 系统设计实施计划
(1) 工作分解；
(2) 进度安排；
(3) 资源需求；
(4) 经费预算。
5. 其他需求
(1) 代码的可维护性；
(2) 在数据传输获取时，系统登录模块的安全性考虑。

2）软件需求规格说明书

软件需求规格说明书在开发、测试、质量保证、项目管理以及相关项目功能中都承担了重要的角色。作为功能需求的补充，软件需求规格说明还应包括非功能需求，它描述了系统展现给用户的行为和执行的操作等，包括产品必须遵从的标准、规范和合约；外部界面的具体细节；性能要求；设计或实现的约束条件及质量属性。下面是软件规格说明书的简明目录。

(1) 目的;
(2) 适用范围;
(3) 术语及缩略语;
(4) 编写规范;
(5) 引用文件;
(6) 附录。

▲ 实训任务

任务 3.1 仓储管理系统功能需求分析

❖任务分析

本任务通过对一个库存管理系统实例进行分析,对物流管理信息系统的需求分析做了详细介绍,包括需求提出、需求描述和需求评审等。

❖工作步骤

需求分析作为系统定义阶段的最后一步,任务是确定系统必须完成哪些工作,也就是对目标系统提出完整、准确、清晰、具体的要求。具体可分为三步,包括需求提出,需求描述,需求评审三个阶段,可用流程图 3-14 表示。

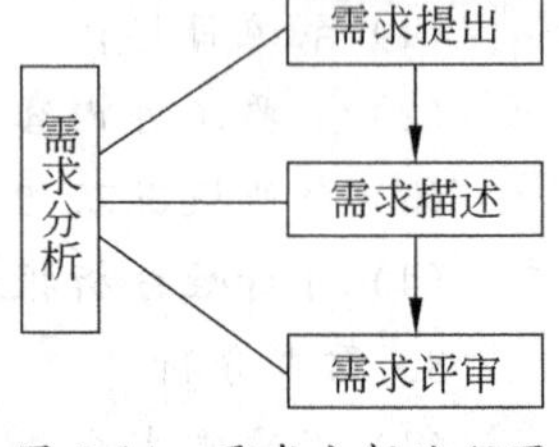

图 3-14 需求分析流程图

步骤一 需求提出

物流作为企业发展壮大、开源节流的必需,承担着企业各种产品到客户手中的桥梁作用。随着社会进一步发展进步,竞争的日益加剧,企业对物流的重视程度愈来愈高。无论公司大小,效益高低,均追求着物流成本的降低。因此,物流管理信息系统的应用得到了广泛的认可。一个好的信息系统,与企业需求的统一是分不开的,物流管理信息系统的开发者必须准确明白用户的需求。

基于物流的基本概念,物流与信息流流经企业的各个职能部门。一方面,信息流是物流活动的反映;另一方面,信息流又是指挥、控制、协调相关物流活动的手段。因此,需求分析的范围不能仅仅局限于企业的物流和信息流,还应该包括企业的生产、经营、管理等各个方面。其范围一般囊括以下几个方面。

(1) 组织机构和功能业务;
(2) 组织目标和发展战略;
(3) 工艺流程和产品构成;
(4) 数据与数据流图;
(5) 业务流程与工作形式;

(6) 管理方式与管理方法；

(7) 决策方式和决策过程；

(8) 资源及限制条件；

(9) 存在问题和改进意见。

需求提出主要集中于描述系统开发目的。它仅仅集中在使用者对系统的观点上，主要是说使用者要求系统实现什么样的目标，以及具体做什么。从而使开发人员确定一个问题领域，并定义一个描述该问题的系统。

任何一个物流企业的信息系统必然离不开业务操作、管理控制、决策分析、战略计划四个层面。开发人员在设计物流管理信息系统时，必须把这四点内容全部考虑进去。于是，现列出如图 3-15 所示物流管理信息系统结构图。

本书所列举物资管理系统的开发实例，主要包括物品的入库、出库、购置计划、统计分析、系统设置等 5 个功能模块，需求的提出也就围绕其中。其系统功能图如图 3-16 所示。

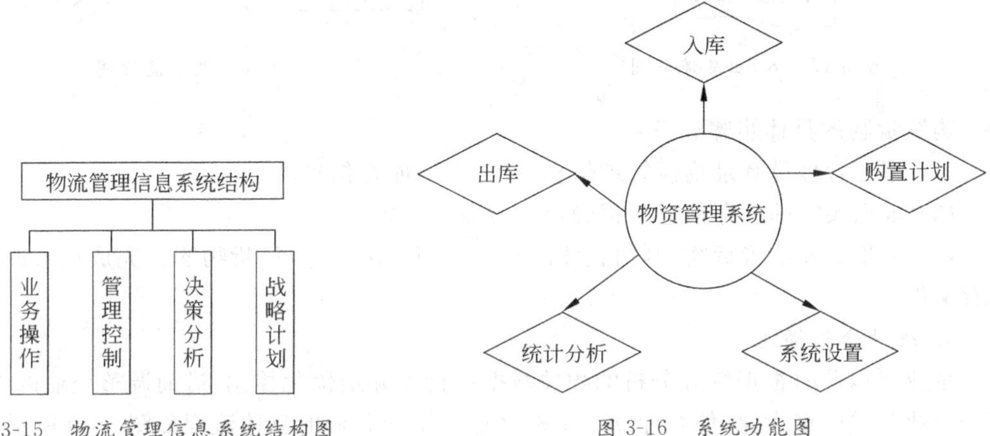

图 3-15　物流管理信息系统结构图　　图 3-16　系统功能图

步骤二　需求描述

需求描述阶段分析人员的主要任务是：对用户的需求进行鉴别、综合和建模，进一步消除用户需求的模糊性和不一致性，分析系统的数据要求，为原始问题及目标系统建立逻辑模型。分析人员要将对原始问题的理解与系统开发经验结合起来，以便发现哪些是由于用户的片面性或短期行为所导致的不合理要求，哪些是用户尚未提出但具有真正价值的潜在需求。

下面根据上述步骤一中所列举的功能模块做进一步详细描述。

1. 商品入/出库业务流程描述

商品的入库和出库作为商品流入和流出的重要环节，二者有着密切的联系。这里将它们放在一起进行分析研究。一般商品的入/出库步骤如下：

(1) 根据正式的入(出)库凭证，入/出库管理人员开具入库单(出库单)，交由仓库收货员准备收货或者出货。

(2) 收货员收货(出货)并进行搬运装卸，分类标记验收入库(出库)，做好相关记录。

(3) 入/出库管理员与送货员办理交接手续。

(4) 根据验收记录,在商品入库单(出库单)上签字,同时更新库存状态。

商品具体的入/出库流程图如图 3-17 所示。

2. 购置计划业务流程描述

如图 3-18 所示,企业的仓储部门可以根据企业的库存信息,对库存量进行查询,从而确定是否需要购置货物。

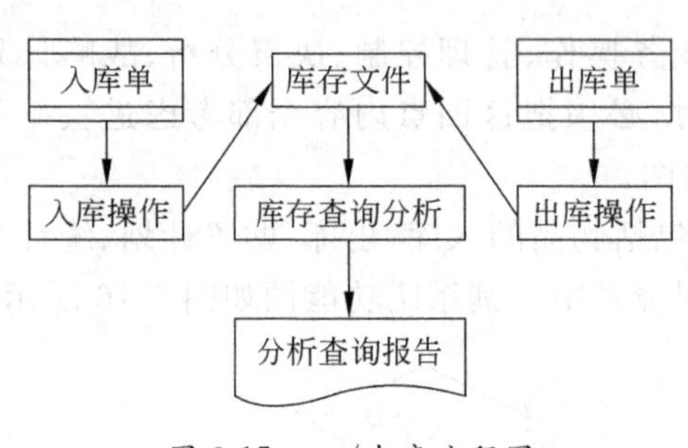

图 3-17 入/出库流程图

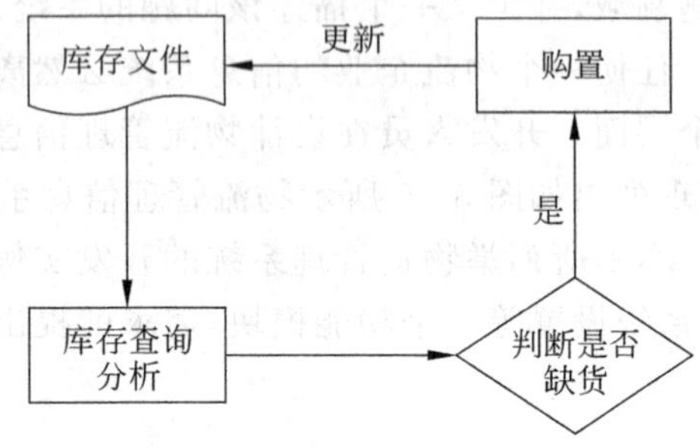

图 3-18 购置流程图

购置货物的具体步骤如下:

(1) 库存管理员登录物流管理信息系统,查询库存信息。

(2) 根据实时的库存信息分析确定是否需要购置货物。

(3) 如果需要购置货物,则向企业的相关部门发出信息,待货物购置完成后及时更新库存文件。

3. 统计分析描述

企业可以及时根据统计分析的相关数据进行库存最优化控制,进而调整企业的战略,保证企业利益的最大化,使企业立于不败之地。统计分析的具体流程如图 3-19 所示。

企业管理人员可以根据一段时间内的入库和出库信息进行分析统计,预测下一时段的市场需求量,对企业的库存进行合理的调整分配,确定企业的最优库存量,实现库存的实时化、科学化。

4. 系统设置描述

系统设置主要是对部门、职位、员工、商品类别、商品、单据格式等系统文件的更新,包括新增、修改、删除等,具体的流程如图 3-20 所示。

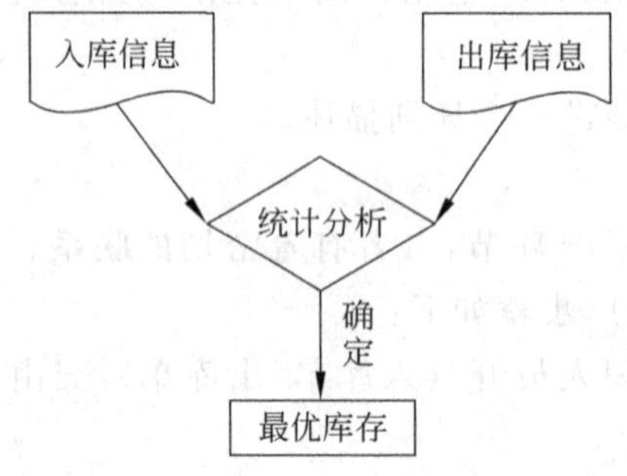

图 3-19 统计分析流程图

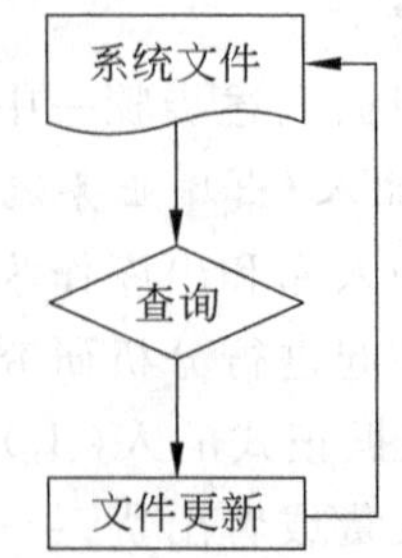

图 3-20 系统设置流程图

步骤三 需求评审

在需求评审阶段,分析人员要在用户和软件设计人员的配合下对已生成的需求规格说明和初步的用户手册进行复核,以确保系统需求的完整、准确、清晰、具体,并使用户和软件设计人员对需求规格说明和初步的用户手册的理解达成一致。一旦发现遗漏或模糊点,必须尽快更正,再行检查。

为了确保系统需求分析的准确无误,保证整个系统开发过程的高效性,系统开发人员一定要做好系统的需求评审工作,及时与用户沟通。系统开发人员可以按如下方案进行系统评审。

1. 分层次评审

分层次评审主要分为目标性需求、功能性需求和操作性需求。目标性需求定义了系统需要达到的目标,是企业的高层管理人员所关注的;功能性需求定义了系统必须完成的任务,是企业的中层管理人员所关注的;操作性需求定义了完成每个任务的具体的人机交互,是企业的具体操作人员所关注的。

2. 正式评审与非正式评审结合

正式评审是指通过开评审会商讨的方式,组织多个专家,将需求涉及的人员集合在一起,并定义好参与评审人员的角色和职责,对需求进行正规的会议评审。而非正式评审并没有这种严格的组织形式,一般也不需要将人员集合在一起评审,而是通过电子邮件、文件会签甚至是网络聊天等多种形式对需求进行评审。两种形式各有利弊,但往往非正式的评审比正式的效率更高,也更容易发现问题。因此在评审时,应该灵活地利用这两种方式。

3. 分阶段评审

系统开发人员应该在需求形成的过程中进行分阶段的评审,而不是在需求最终形成后再进行评审。分阶段评审可以将原本需要进行的大规模评审进行拆分,而后进行小规模的评审,这样可以降低返工的风险,提高了评审的质量。譬如,开发人员可以在形成目标性需求后进行一次评审,在形成系统的初次需求分析后再进行一次评审,并对需求细分后的每个部分进行逐一评审,最后再对整体的需求进行评审。

4. 做好评审员的相关工作

首先应该做好系统评审相关人员的培训工作,介绍客户对系统的需求,以及评审的方法、技巧和过程。其次系统需求的评审涉及开发方、用户方的诸多人员,一定要保证使不同类型的人员的都参与进来,否则很可能会漏掉很重要的需求。

5. 建立标准的评审流程

系统的需求评审需要建立详细标准的需求评审流程,按照流程中定义的活动进行规范的评审,充分利用需求评审检查单。

6. 做好评审后的跟踪工作

在需求评审后,需要根据评审人员提出的问题进行评价,以确定哪些问题是必须纠正的,哪些可以不纠正,并给出充分、客观的理由与证据。

任务 3.2 仓储管理系统数据与数据流程分析

❖任务分析

本任务通过对一个仓储管理系统实例进行分析,对仓储管理系统的数据与数据流程分析做了详细介绍,包括绘制了数据流图。

❖工作步骤

数据流图是一种能全面地描述信息系统逻辑模型的主要工具,它可以用少数几种符号综合地反映出信息在系统中的流动、处理和存储情况。数据流图是表示操作或数据的方向。

出库、入库数据流图分别如图 3-21 和图 3-22 所示。

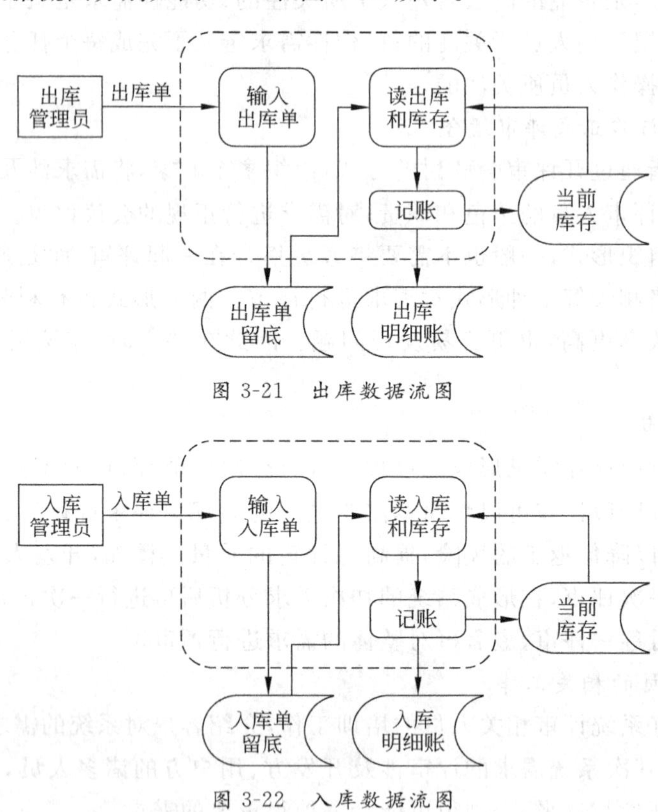

图 3-21 出库数据流图

图 3-22 入库数据流图

任务 3.3 撰写仓储管理系统分析报告

❖任务分析

本任务通过对一个仓储管理系统实例进行分析,对仓储管理系统的功能需求和业务流程进行分析，撰写系统分析报告。

❖工作步骤

系统分析说明书的编制是为了使用户和软件开发者双方对该系统的初始规定有一个共同的理解，使之成为整个开发工作的基础。以下为编制系统分析说明书的内容。

系统分析说明书

一、引言

1. 目的

本文档描述了仓储管理系统的软件需求规格，其目的在于向用户表述系统的环境、系统的功能和非功能的需求。

2. 项目范围

本项目开发了一个仓储管理系统，其目的在于实现仓库中货物更有效的管理，使仓库能够更方便、更有效率地完成日常工作，并节省人力。

二、系统概述

仓库的主要业务有日常的出库和入库以及相应的盘点。系统的主要功能如下。

(1) 出库功能：根据出库单发出货品并记账。

(2) 入库功能：根据入库单验收货品并入库记账。

(3) 盘点功能：定期检查库存货品的数量、质量等，达到账、卡、物相符。出现问题可以经过领导审批进行核销。

(4) 查询功能：进行库存货品的数量、金额以及出入库记录等情况的查询。

(5) 统计功能：完成一般性统计工作。

三、系统分析

1. 需求分析

仓库管理的特点是信息处理量较大，所管理的设备种类繁多，在管理上实现起来有一定的困难。仓库管理系统应该满足以下需求：为保障系统健壮性，对于可能发生问题的输入要进行检验，同时要给出合理的提示信息；业务上满足仓库管理系统的基本需求，能够方便地进行出库、入库、库存信息查询，以及库存管理；获得准确的库存量；与传统的手工管理相比，要添加基础数据的管理和用户权限的设置；所有的界面要有信息浏览的功能，同时要保证数据的可靠性。

2. 功能需求分析

一个功能完善的仓储管理系统必须包括：用户登录、仓库管理、业务查询和系统设置四个模块，如图 3-23 所示。

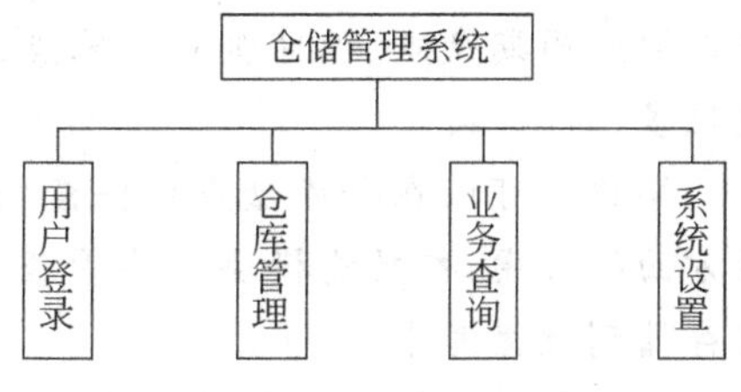

图 3-23　系统的功能需求图

1) 用户登录模块

用户登录模块由用户登录、用户注销、退出系统三个部分组成。用户可以用两种身份登录系统：普通操作员或管理人员。不同身份登录被系统授予不同的使用权限，这样提高了本系统的安全性，避免了无关人员获取不在其权限范围内的信息。用户在登录后可以不退出本系统，而采用用户注销的方式，使系统不存在激活状态下的用户。

2) 仓库管理模块

(1) 仓库进货

仓库存放货物品种繁多，堆存方式以及处理过程也非常复杂，随着业务量的增加，仓库管理者所需要处理的信息量大幅上升，因此管理者往往很难及时准确地掌握整个仓库的动作状态。分析其原因在于：仓库在进货时没有输入详细、有效、完整的信息。

在本仓库信息系统中，仓库进货模块要求操作员输入商品号、进货数量、单价和供应商，系统会自动将当前系统时间作为进货时间更新到数据库，并且会自动统计总进货金额。该操作完成后，相应货物的数量为原数量加进货的数量，并更新数据库。

(2) 仓库退货

需求分析表明，企业仓库中的货物离开仓库主要有两种原因：企业无法销售某种商品，将其退还给供应商；企业销售了一部分某商品，再从仓库调出部分库存的该种商品。

在本仓库信息系统中，仓库进货模块是为了第一种原因而设计的，它要求操作员输入退货商品号、退货数量、单价和供应商，系统会自动将当前系统时间作为退货时间更新到数据库，并且会自动统计总退货金额。该操作完成后，相应货物的数量为原数量减退货的数量，并更新数据库。

(3) 仓库盘点

仓库盘点的目的是为了更好地了解仓库准确的库存信息。企业可以根据自身的情况选择盘点的周期和盘点的方式，不合理的仓库盘点将会降低仓库库存信息的准确性、物料计划的准确性；不必要的仓库盘点将浪费企业的人力和物力。仓库盘点一般可以按照周期盘点、循环盘点和零点三种方式进行，企业采用周期盘点这种方式的情况较多。

操作员可以在仓库盘点中任意增加或减少某件商品的库存数据，因此，出于安全性方面的考虑，本功能模块需要管理者(部门经理)能使用，并且所有的修改信息将会被存储到数据库中。

仓库盘点模块要求管理员输入某商品、该商品实际数量，系统会自动将当前系统时间作为盘点时间更新到数据库，并且会自动统计总盘点过程中修改的数量。在打印的单据中将会给出上述的所有信息。

3）业务查询模块

(1) 库存查询

库存的可见性是决定企业分销战略是否成功的最重要一点。如果库存水平和组成，或所计划的对这些水平和组成的更新是模糊的、不正确的、过时的或完全不可信的，那么所有的仓储、运输和供应链管理活动都很有可能失败。换句话说，如果企业拥有清楚的、正确的、最新的和可靠的库存信息，将能更好地保证仓储、运输和供应链管理的成功。

在本系统的库存查询功能模式中，用户可以查询所有的商品库存，也可以输入某件商品的ID号从而得到该商品的库存。总之，用户可以通过本地查询模块轻松得到及时的库存信息。

(2) 销售查询

该功能模块主要为企业管理者的经营决策提供参考的信息，从更高层面上为客户在制订生产和销售计划，及时调整市场策略等方面提供持续、综合的参考信息。

在销售查询功能模块中，用户只需要选择某个时间段，计算机就会根据数据库中的资料给出该时间段中所有商品的销售情况。企业的经营者可以参考这样的信息来做出一些营销策略。由于本功能模块涉及企业的经营信息，考虑到商业信息的安全性，需要管理员级的用户才可以使用本模块。

(3) 仓库查询

为适应客户不断提高的要求，增强仓储企业的核心竞争力，超越客户的期望。本系统提供了非常完整的信息查询，在仓库管理模块中输入的任何一条信息都可以在仓库查询模块中查询到。

4）系统设置模块

系统设置包括供应商设置和仓库设置两个部分。①供应商是货物的提供者，在供应商设置中，用户可以输入详细的供应商信息，包括联系方法、供应商名称和主要经营项目等信息，方便企业管理查询和维护。②仓库设置：在本系统中，用户可以将整个仓库虚拟地分成子仓库，每个子仓库储存不同类型的货物，这样方便仓库货物的分类管理，也有利于提高仓库进货、出货的效率。

3. 性能需求分析

本书开发的仓储管理系统实例主要是应用在中小规模的企业内部，因此，一般配置的计算机硬件就可以满足系统需求。考虑到企业规模的扩大和硬件价格的降低，为本系统配置较优秀的服务器硬件，可以充分发挥本系统的性能。

本系统采用单机模式。

(1) 硬件环境

① 处理器：Intel Pentium(R)4 CPU 3.00GHz 或更高；

② 内存：2GB；

③ 硬盘空间：320GB；

④ 显卡：SVGA 显示适配器。

(2) 软件环境

① 操作系统：Windows 7；

② 开发软件：Microsoft Visual Studio. NET 2005；

③ 数据库：Microsoft SQL Server 2005。

4. 技术可行性分析

根据客户提出的系统功能、性能及实现系统的各项约束条件，在实现系统目标的前提下，来衡量所需的技术是否具备。本系统是一个数据库管理和查询的系统，现有的技术已较为成熟，硬件和软件的性能要求、环境条件等各项条件良好，估计利用现有技术条件应完全可以达到该系统的功能目标。同时，考虑给予的开发期限也较为充裕，预计系统可以在规定期限内完成开发。

5. 经济可行性分析

估算系统的成本效益分析，其中包括估计项目开发的成本、开发费用和今后的运行、维护费用，系统将获得的效益值得开发，开发成本低于项目预期的全部经费。并且，系统开发有利于今后开发一系列相似的产品，从而降低成本，增加利润。

6. 数据流图(见图 3-24 和图 3-25)

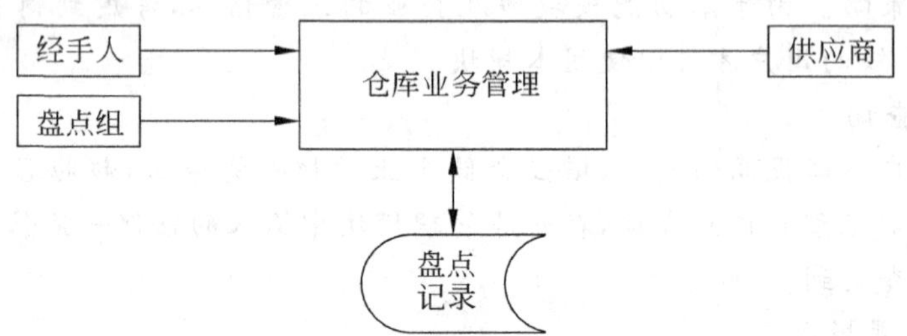

图 3-24 仓储管理系统顶层数据流图

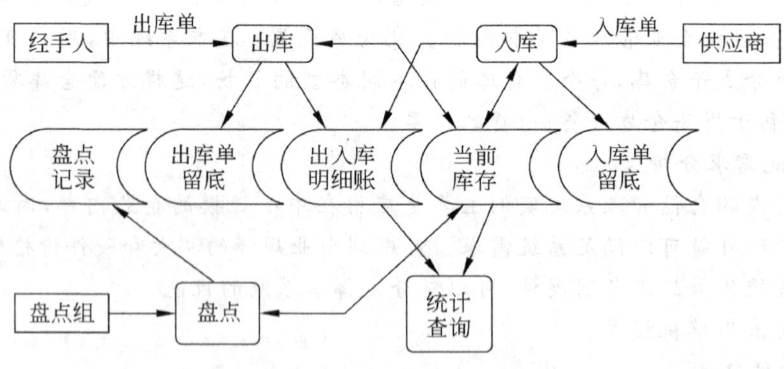

图 3-25 仓储管理系统一级数据流图

根据系统开发要求，选用 SQL Server 2005 进行开发。

▲ 项目小结

本项目使学生了解使用系统分析方法分析系统时所涉及的内容和目标，掌握系统调查的方法和组织结构的调查内容，能够进行业务流程分析及业务流程图的绘制，熟悉数据流程分析及数据流图的绘制，并能够进行系统分析报告的编制，尤其要学会在实际的系统分析中运用上述知识。

▲ 思考与练习

一、简答题

1. 简述系统需求分析的主要内容。

2. 物流管理信息系统开发方法有哪些？请详细说明，并指出每种开发方法的优点、缺点和适用范围。

3. 系统分析工具有哪些？请详细说明。

二、实训题

实训名称	在项目一物流企业调研的基础上，进行仓储管理信息系统的分析。	
实训日期	年　月　日	
实训目的	通过调研，选取合适的系统分析工具，完成仓储管理系统分析。	
实训内容	1. 系统可行性分析	
	2. 系统需求分析	
	3. 功能需求分析和业务流程分析	
	4. 性能需求分析	
	5. 数据流程分析	
	6. 系统分析报告	
参考资料	相关书籍与网站名称	

项目四

物流管理信息系统设计

▲ 学习目标

- 熟悉物流管理信息系统设计的目标与任务；
- 掌握系统结构化的设计方法；
- 掌握代码设计、用户界面设计、输入设计、处理过程设计等方面的内容；
- 明确系统设计的详细流程及关键步骤；
- 掌握系统设计说明书的撰写。

▲ 项目描述

系统设计是系统开发过程中的重要阶段，是在上述系统需求分析的基础上，解决“怎么做”的问题。系统设计的主要任务是从系统需求分析出发，根据系统分析阶段对系统功能的要求，同时考虑各方面资源使用最优的情况，确定系统的总体结构和各个部分，设计系统的模块层次结构，设计数据库的结构以及设计模块的控制流程，并提出实施计划。

本项目介绍物流管理信息系统设计的方法、原则及结构化设计方法，并以一个仓储管理系统为例，详细描述了一个物流管理信息系统设计的流程和关键步骤。

▲ 专业知识

一、系统设计概述

（一）系统设计简介

1. 设计概述

系统设计作为系统的物理设计阶段，是在上述系统需求分析的基础上，设计出能满足预期目标的系统的过程，并根据需求分析阶段所确定的系统逻辑模型、功能要求，并在用户提供的特定环境条件下，设计出一个能在计算机网络环境上实施的方案。

系统设计的主要任务是设计软件系统的模块层次结构、数据库的结构以及设计模块的控制流程，其目的是明确软件系统“如何做”。这个阶段分为概要设计和详细设计两个步骤。概要设计解决的是软件系统的模块划分和模块层次结构以及数据库的设计；详细设计解决的是每个模块的控制流程、内部算法和数据结构的设计。当系统设计阶段结束后，需要提交概要设计说明书。

系统设计内容主要包括：确定设计方针和方法；将系统分解为若干子系统，并确定各子系统的目标、功能及其相互关系；决定对子系统的管理体制和控制方式；对各子系统进行技术设计和评价，对全系统进行技术设计和评价等。

2. 设计方法

系统设计通常考虑两种方法：一是归纳法；二是演绎法。

应用归纳法进行系统设计的步骤是：首先尽可能地收集现有的和过去的同类系统的系统设计资料，在对这些系统的设计、实施和运行状况进行深入分析研究的基础上，根据所设计系统的功能要求进行多次选择，然后对少数几个同类系统做出相应修正，最后得出一个相对理想的系统。

演绎法是一种公理化的方法，即先从普遍的规则和原理出发，结合设计人员的知识和经验水平，从具有一定功能的元素集合中选择比较符合系统功能要求的多种元素，然后将这些元素按照一定形式进行组合，从而创造出具有所需功能的新系统。

为了确保系统的实用性及可靠性，在系统设计的过程中，这两种方法往往是结合在一起使用的。

3. 设计原则

信息系统是现代物流管理系统的中枢神经，通过信息快速、准确和实时的流动，可以使企业能动地对市场做出快速反应，从而实现商流、物流、信息流、资金流的良性循环。现代物流管理信息系统涉及生产商、分销商和零售商以及最终用户等市场主体，涉及商流、物流、信息流、资金流流转的全过程。现代物流管理系统的运作流程是通过对市场需求、货源等信息的分析，制订相关的订货、运输、仓储、配送计划，并进行成本核算，然而要使这样一个复杂的现代物流体系快速、高效、经济地运行，前提是要有一个与之相适应的管理信息系统。系统的设计需要遵循以下几点原则。

1) 完整性原则

物流管理信息系统的基本功能包括数据的收集、录入、存储、传播、处理和输出等。因此,信息系统应该具有功能的完整性,要根据现代物流管理系统的实际需要,满足客户对物流信息全面、完整、准确、及时了解的需求。

2) 可靠性原则

这就是要求信息系统的准确性和稳定性。信息系统的准确性依赖于信息的精确性和及时性。信息精确性的含义既包含了信息本身的准确性,同时也包含了信息系统内信息与实际信息的一致性。信息的及时性要求活动发生时间与该活动在信息系统内可见的时间间隔应尽可能小,而且要及时更新系统内的信息。系统稳定性除了依赖于系统的准确性,还要求系统所存储的信息具有可靠性。

3) 经济性原则

企业是营利性组织,追逐经济利益是其活动的最终和根本目的。因此在设计信息系统时要做到投入最小,效益最大。一个完善而又经济实用的信息系统,必须做到层次结构分明。

(二) 结构化设计方法

结构化设计方法是基于模块化、自顶向下细化、结构化程序设计等程序设计技术基础上发展起来的,它依据需求分析的结果——数据流图推导出软件的系统功能结构图。

结构化设计方法的特点是面向软件系统结构,采用结构图来描述程序的结构。根据需求分析阶段对数据流的分析结果来设计软件结构,把数据流图变换成程序结构。理论上,结构化设计方法可以用于任何软件系统的开发。由于结构化设计工作与结构化分析工作相衔接,所以又说它是一种面向数据流的设计方法。

1. 结构化设计的基本思想

(1) 把系统划分为功能单一的一些部分(模块,Module)。

(2) 模块划分自顶向下、逐层分解、逐步求精。

(3) 每一个模块尽可能独立。

(4) 模块间的关系要阐明。

2. 结构化系统设计的目标

水波效应:对 A 的修改波及 B,而对 B 的修改又可以影响到 C、D 等。

目标:设计出一个运行可靠、易于理解和易于维护的系统。结构化设计是达到这一目标的较好手段。

3. 结构化系统设计的内容

系统设计阶段的任务是提出实施方案,最后在系统设计说明书中阐明。该任务又分为以下两个子阶段。

(1) 把总任务分解成许多基本的、具体的任务,称为总体设计(Architectural Design),又称为概要设计(Preliminary Design),其基本内容包括:①将系统划分为模块;②决定每个模块的功能;③决定模块间的调用关系;④决定模块的接口,即模块间信息的传递。

(2) 为各个具体任务选择适当的技术手段和处理方法，称为详细设计(Detail Design)，其基本内容包括：①编码(代码)设计；②数据库设计；③输入设计；④输出设计；⑤人机对话设计；⑥处理过程设计。

4. 结构化系统设计的模块

1) 基本模块

模块是程序语句和数据说明的集合，可能是一个函数、一个方法、一个过程或一个子程序。

模块具有输入/输出、逻辑功能、执行代码、内部数据四种属性。其中输入/输出、逻辑功能构成模块的外部属性；执行代码、内部数据构成模块的内部属性。在主体设计阶段，主要关注模块的外部属性。

(1) 输入/输出属性：一个模块的输入来源和输出去向都是同一个调用者，也就是这一模块从调用者那里获得输入，然后再把产生的输出返回给调用者。

(2) 逻辑功能属性：模块的逻辑功能是指它能做什么事，表明了它把输入转换成输出的功能，也可以只是输入或输出功能。

(3) 执行代码属性：执行代码是指它如何用程序实现逻辑功能，它可以调用其他模块，也可以被其他模块所调用。

(4) 内部数据属性：内部数据是指属于该模块的数据。

2) 理想模块

一个理想的模块最好是一个黑箱模块。对用户来说，他所感兴趣的是这个模块的功能，而不必去了解内部的结构与原理。具体地说有以下特点。

(1) 对于已知的输入，可以获得预期的输出。

(2) 不需要知道模块的内部结构及如何实现模块功能，只需知道如何使用模块。

(3) 知道模块功能，就知道它能干什么。

3) 模块间的联系

模块间的联系有耦合和内聚，耦合和内聚这两个概念从不同侧面反映了模块的独立性。

(1) 耦合(Coupling)：反映模块之间连接的紧密程度。

数据耦合(Data Coupling)：一个模块的输出数据传递给另外一个模块作为输入数据，以完成有价值的功能。

控制耦合(Control Coupling)：两个模块间通过参数传递控制信息，以影响程序的执行路线和执行步骤。

公共环境耦合(Common Environment Coupling)：两个或多个模块通过全局变量、共享通信区或内存来传递信息。

内容耦合(Content Coupling)：一个模块直接访问另一个模块的内部数据，或一个模块有多个入口，或两个模块重叠一部分程序代码等。内容耦合在许多高级语言中已不允许，但汇编语言中存在。

设计原则：尽量使用数据耦合，少用控制耦合，限制公共环境耦合的范围，完全不用内容耦合，用过程语句调用其他模块，模块间的参数尽可能少。

(2) 内聚(Cohesion):反映一个模块内各元素间结合的紧密程度。

如果一个模块内的元素相关性很高,而且都是为了同一个功能,则说模块的内聚程度很高。内聚按程度从低到高分为以下几种。

① 偶然内聚(Coincidental Cohesion):为了节约空间、减少语句量,把程序内的一些共同操作抽取出来,组成一个模块。

② 逻辑内聚(Logical Cohesion):将几个逻辑上属于相同或相似的一类任务放在一个模块中。

③ 时间内聚(Temporal Cohesion):把需要在同一段时间内处理的成分放在同一个模块中。

④ 步骤内聚(Procedural Cohesion):一个模块内的处理元素是相关的,而且必须以特定的步骤执行。

⑤ 通信内聚(Communicational Cohesion):模块内所有的元素都使用相同的输入数据和产生相同的输出数据。

⑥ 顺序内聚(Sequential Cohesion):一个模块内的处理元素和同一个功能相关,且一些元素的输出是另一些元素的输入。

⑦ 功能内聚(Functional Cohesion):一个模块内的所有处理元素属于一个整体,且完成一个单一的功能。

4) 模块的作用域与控制域

(1) 模块作用域:受该模块内一个判断影响的所有模块的集合。

(2) 模块控制域:该模块本身以及所有直接或间接从属于它的模块的集合。

要避免出现控制耦合,模块的作用域应该在控制域之内。如果出现控制耦合,解决的办法是:将不在控制域内但在作用域的模块移至判断模块的控制域内。

5) 模块的扇入与扇出

(1) 扇出:一个模块调用直接下层模块的个数。

(2) 扇入:一个模块被其他上级模块所调用的个数。

一般认为,设计得好的系统,平均扇出是3或4,上限不超过7。如果扇出过大,可以适当增加中间层次。

模块的扇入越大,表明该模块被更多的上级模块所共享,但不能为了追求高扇入而牺牲模块的内聚程度。设计得好的系统,上层模块有较高的扇出,下层模块有较高的扇入。

5. 结构图

结构化设计采用结构图(Structured Chart)描述系统的模块结构及模块间的联系。结构图中的主要成分如下:

(1) 模块:用长方形表示(见图4-1(a)),名字(动词+宾语)要能体现其功能。

(2) 调用:用箭头形表示(见图4-1(b)),从调用模块指向被调用模块,箭尾的菱形表示有条件调用,弧形箭头表示循环调用。

(3) 数据信息:用带空心圆的小箭头表示,如图4-1(c)所示。

(4) 控制信息:用带实心圆的小箭头表示,如图4-1(d)所示。

结构图可以由数据流图转换而来,但两者间有着本质区别:数据流图着眼于数据流,反映系统的逻辑功能，即系统能够“做什么”；结构图着眼于控制层次，反映系统的物理模型，即怎样逐步实现系统的总功能。

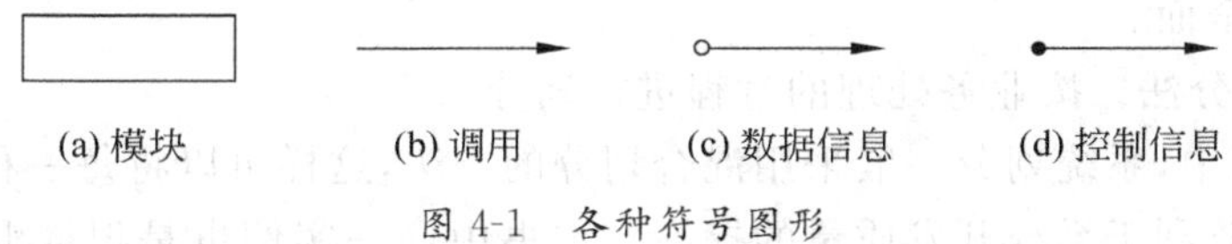

图 4-1　各种符号图形

结构图也不同于程序流程图(Programming Flow Chart)。程序流程图说明程序的步骤和控制过程，结构图描述各个模块的“责任”。

当一个模块调用另一个模块时，一方面，调用模块把数据或控制信息传给被调用模块，以使被调用模块能够运行；另一方面，被调用模块在执行过程中又把它产生的数据或控制信息送回给调用模块。

模块间的调用关系和接口表示如图 4-2 所示。

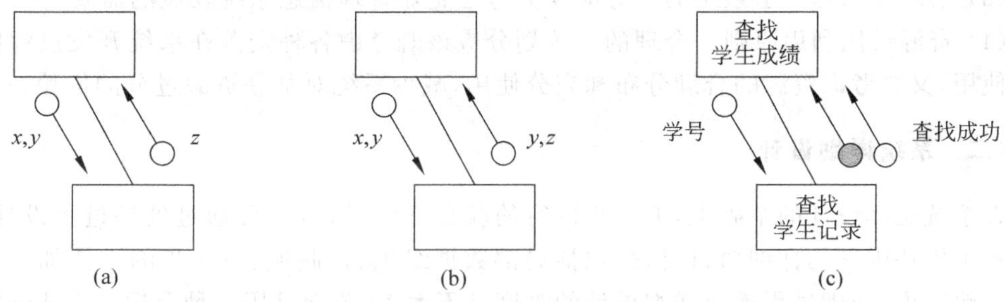

图 4-2　模块间的调用关系和接口表示

图 4-2(a)：A 调用 B，传递参数是 x,y,z，其中 x,y 是 B 的输入参数；

图 4-2(b)：A 调用 B 时，y 既是 B 的输入参数，又是 B 的输出参数；

图 4-2(c)：反映了既有控制信息又有数据信息的情况。

结构图描述了模块间的调用关系，揭示了模块结构的耦合和内聚关系，这种关系代表系统的一种静态结构，表明模块间是否有关系，是否相互发生影响，但没有说明如何发生影响。结构图的主要质量指标是模块内聚度和耦合度。

二、系统设计

(一) 系统总体设计

系统总体设计主要是指在系统分析的基础上，对整个系统的划分(子系统)、机器设备(包括软、硬设备)的配置、数据的存储规律以及整个系统实现规划等方面进行合理的安排。

系统总体设计阶段的第一个重要工作便是对系统的划分，即将系统划分成若干个子系统，子系统又可以划分为几个模块，逐步完善。系统划分的方法和原则如下。

1. 系统划分的方法

(1) 功能划分法。即按照系统的业务处理功能进行划分，优点在于系统的紧凑性非常好。

(2) 顺序划分法。这是按照系统业务处理的先后顺序进行划分,能使系统从一而终,结构完善,功能全面。

(3) 过程划分法。按业务处理的过程进行划分。

在实际应用中,系统划分一般采用混合划分的方法,这样可以将每一种划分方法的优点集中起来,比较利于系统开发质量的提高。本书中这一实例也是根据混合划分进行系统开发的。

2. 系统划分遵循的原则

(1) 独立性原则。子系统的划分必须使得子系统内部功能和信息保持独立完整,这将有利于后续系统的测试维护以及系统的正常运行。

(2) 数据冗余最小原则。系统的划分应尽可能减少系统的冗余数据,提高系统的工作效率。

(3) 前瞻性原则。子系统的划分应充分考虑企业管理信息系统发展的需要。

(4) 资源最优利用原则。合理的系统划分应该既考虑各种资源在系统开发过程中的配合使用,又要考虑资源的合理分布和充分使用,减少系统对某一资源过分的依赖。

(二) 系统详细设计

在系统总体设计的基础上,下一步进行的就是详细设计,主要通过处理过程设计,以确定每个模块内部的详细执行过程,包括局部数据组织、控制流、每一步的具体加工要求等。一般来说,处理过程模块详细设计的难度已不太大,关键是用一种合适的方式来描述每个模块的执行过程,常用的有流程图、问题分析图、IPO 图(在计算机领域 IPO 图是指结构化设计中变换型结构的输入(Input)、加工(Processing)、输出(Output))和过程设计语言等。

除了处理过程设计,系统详细设计中还有数据库设计、代码设计、用户界面设计、输入/输出设计等几部分。

1. 数据库设计

1) 数据库设计的任务

数据库设计的任务是在数据库管理系统的支持下,按照应用的要求,为某一部门或组织设计一个结构合理、使用方便、效率较高的数据库及其应用系统。

2) 数据库设计的内容

数据库设计应包含两方面的内容:一是结构设计,即设计数据库框架或数据库结构;二是行为设计,即设计应用程序、事务处理等。

设计数据库应用系统,首先应进行结构设计。一方面,数据库结构设计是否合理,直接影响到系统中各个处理过程的性能和质量;另一方面,结构特性又不能与行为特性分离。静态的结构特性的设计与动态的行为特性的设计分离,会导致数据与程序不易结合,增加数据库设计的复杂性。

3) 数据库设计的步骤

目前,数据库设计一般都遵循软件的生命周期理论,分为六个阶段进行,即需求分析、概念结构设计、逻辑结构设计、数据库物理结构设计、数据库实施、数据库运行与维护，如图 4-3 所示。其中，需求分析和概念结构设计独立于任何的数据库管理系统，逻辑结构设计和物理结构设计则与具体的数据库管理系统有关。

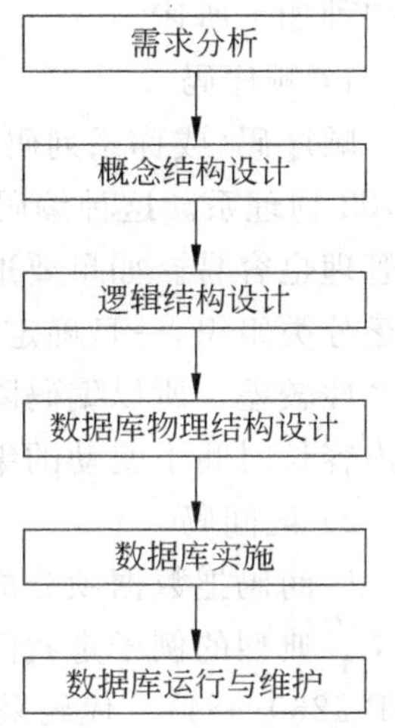

图 4-3　数据库设计的步骤

在系统设计阶段，数据库设计应该完成的是概念结构设计、逻辑结构设计和物理结构设计。

(1) 概念结构设计。概念结构设计阶段要对需求分析阶段中收集的信息和数据进行分析与抽象，确定实体、属性及它们之间的联系，将各个用户的局部视图合并成一个总的全局视图，形成独立于计算机的、反映用户需求的概念模型。

准确抽象出现实世界的需求后，下一步应该考虑如何实现用户的这些需求。由于数据库逻辑结构依赖于具体的数据库管理系统，直接设计数据库的逻辑结构会增加设计人员对不同数据库管理系统的数据库模式的理解负担，因此在将现实世界需求转化为机器世界的模型之前，要先以一种独立于具体数据库管理系统的逻辑描述方法来描述数据库的逻辑结构，即设计数据库的概念结构。概念结构设计是整个数据库设计的关键。

(2) 逻辑结构设计。逻辑结构设计是在概念模型的基础上导出数据库的逻辑模型。逻辑模型是可被数据库管理系统处理的数据库的逻辑结构。它包括数据项、记录及记录间的联系、安全性和一致性约束等。导出的逻辑结构是否与概念模型一致，从功能和性能上是否满足用户的要求，都要进行模式评价。如果达不到用户要求，还要反复修正或重新设计。

(3) 物理结构设计。物理结构设计是为逻辑数据模型选取一个最适合应用环境的物理结构(包括存储结构和存取方法)。在物理结构设计阶段，根据数据库管理系统的特点和处理的需要，进行物理存储的安排，建立索引，形成数据库的内模式。

2. 代码设计

代码又称为编码，它是客观实体或其属性的代表。在管理信息系统中，代码是一串字母、数字、符号的组合，便于计算机的存储、处理和输出。它也是管理人员与计算机的共同语言。它比文字数据简短，具有鲜明的层次结构和规律性，是计算机进行数据分类、汇总、运算处理、统计和检索的关键字。

代码是代表事物名称、属性、状态等的符号，一般用数字、字母或它们的组合来表示。代码具有以下作用。

(1) 标识。代码是鉴别编码对象的唯一标志。

(2) 分类。当按编码对象的属性或特征(如工艺、材料、用途等)分类，并赋予不同的类别代码时，代码又可以作为区分编码对象类别的标志。

(3) 排序。当按编码对象发现(产生)的时间、所占有的空间或其他方面的顺序关系分类，并赋予不同的代码时，代码又可作为编码对象排序的标志。

(4) 特定含义。因某种客观需要采用一些专用符号时，此代码又可提供一定的特定含义。

常见的代码包括顺序码、区间码、助记码、组合码、颜色码和发音码六种，其中最重要的四种如下所述。

1）顺序码

顺序码(或称系列码)是一种用连续数字代表项目名的编码。例如，00 学校，01 数学系，02 物理系。这种编码的特点是码位数少，一个项目对应一个连续号，处理容易，设计和管理也容易。如果要追加编码，只需要在连续号的最后添加一个号即可。但这种编码缺乏分类组织，一旦确定后没有弹性，不适宜分类。同时项目较多的时候，编码的组织和体系性较差。所以编码除了起序列作用之外，本身并无意义。顺序码适用于项目较少、项目内容长时间不变动的编码。

2）区间码

区间码把数据项分成若干组，每一区间代表一个组，码中数字的值和位置都代表一定意义。典型的例子是我国的行政区代码和邮政编码。例如，中华人民共和国行政区代码(GB 2260—84)。代码采用 6 位数字，按层次分别表示我国各省(自治区、直辖市)、地区(市、州、盟)、县(市、旗、镇、区)的名称。从左至右的含义是：第 1、2 位表示省(自治区、直辖市)；第 3、4 位表示地区(市、州、盟)；第 5、6 位表示县(市、旗、镇、区)。

区间码的特点是：信息处理比较可靠，检索、分类和排序都很方便；但这种码的长度与它的分类属性有关，有时可能会造成很长的码，同时这种码的维护也较困难。

3）助记码

助记码是用文字、数字或文字和数字相结合的方式来进行描述，其特点是可以通过联想帮助记忆。例如，会计电算化里摘要就用助记码帮助记忆，LRZE 代表利润总额，NYJT 代表能源交通建设基金，TZTJ 代表投资方向调节税等。

助记码的特点是见码忆义，易记、易理解，但不易校对。

4）组合码

组合码是把编码对象用两种以上编码进行组合，可从两个以上的角度来识别、处理的一种编码。它可由多个数据项/字段构成，每个数据项/字段分别表示分类体系中的一种类别。

这种码的特点是容易进行大分类，增加编码层次，可以从多方面去识别，做各种分类统计非常容易，但位数和数据项个数较多。

3. 用户界面设计

用户界面(User Interface，UI)又称人机界面或人机接口，是用户与计算机系统之间的分界线，是用户与计算机系统之间的通信媒体或人机对话的手段，是实现人机双向信息交换的支持硬件和软件，是计算机系统的一个重要组成部分。人们通常所说的用户界面主要是指软件的用户界面。

人与计算机进行信息交流就是人机对话。从这个意义上讲，输入、输出都是人机对话。这里讲的人机对话，是指人通过屏幕、键盘等设备与计算机进行信息交流，控制系统运行。因此，人机对话设计也称为人机界面设计。人机对话的设计好比商品的包装设计，它要给用户一个直观的印象。因此，人机对话设计的好坏，关系到系统的应用和推广。友好的用户界面，是信息系统成功的因素之一。

用户界面设计的三大原则是：置界面于用户的控制之下，减少用户的记忆负担，保持界面的一致性。具体有以下几点。

(1) 一致性原则。即从任务、信息的表达、界面控制操作等方面与用户理解和熟悉的模式尽量保持一致。

(2) 记忆负担最小化。人脑不是电脑，在设计界面时必须考虑人类大脑处理信息的限度。人类的短期记忆极不稳定、有限，24 小时内存在 25%的遗忘率。所以对用户来说，浏览信息要比记忆更容易。

(3) 兼容性。在用户期望和界面设计的现实之间要兼容，要基于用户以前的经验。

(4) 适应性。用户应处于控制地位，因此界面应在多方面适应用户。

(5) 指导性。界面设计应通过任务提示和反馈信息来指导用户，做到"以用户为中心"。

(6) 结构性。界面设计应是结构化的，以减少复杂度。

(7) 经济性。界面设计要用最少的支持用户所必需步骤来实现一个操作。

4. 输入/输出设计

输入/输出设计是管理信息系统与用户的界面。一般而言，输入/输出设计对于系统开发人员并不重要，但对用户来说，却显得尤为重要。

输入/输出设计是一个组织系统形象的具体体现；好的输入/输出设计能够为用户建立良好的工作环境，激发用户努力学习、主动工作的热情；设计时要考虑符合用户习惯，方便用户操作，使目标系统易于为用户所接受。合适的输入/输出设计能够为用户提供易读易懂的信息形态。

1) 输入设计的原则

输入设计的原则如下：

(1) 控制输入量；

(2) 减少输入延迟；

(3) 减少输入错误；

(4) 避免额外步骤；

(5) 简化输入过程。

2) 输出设计的原则

输出设计的原则如下：

(1) 为用户提供及时、准确、全面的信息服务；

(2) 便于阅读和理解，符合用户的习惯；

(3) 充分考虑和利用输出设备的功能；

(4) 为今后的发展预留一定余地。

5. 处理过程设计

总体设计将系统分解成许多模块，并决定了每个模块的外部特征——功能和界面。计算机处理过程的设计则要确定每个模块的内部特征，即内部的执行过程，包括局部的数据组织、控制流、每一步的具体加工要求及种种实施细节。通过这样的设计，为编写程序制订一个周密的计划。当然，对于一些功能比较简单的模块，也可以直接编写程序。

处理过程设计的关键是用一种合适的表达方法来描述每个模块的执行过程。这种表示方法应该简明、精确,并由此能直接导出用编程语言表示的程序。日常用的描述方式有图形、语言和表格三类,如传统的框图、各种程序语言、判定表等。

三、系统设计说明书

系统设计阶段的结果是系统设计说明书。系统设计说明书主要包括系统的设计内容、系统总体结构的设计方案、代码设计、数据库设计、输入/输出设计、系统功能设计、安全保密设计等。

系统设计说明书的主要内容如下:

1. 引言

1)摘要

系统的目标、名称和功能等说明。

2)背景

(1)项目开发者;

(2)用户;

(3)本项目和其他系统或机构的关系和联系。

3)系统环境与限制

(1)硬件、软件和运行环境方面的限制。

(2)保密和安全的限制。

(3)有关系统软件文本。

(4)有关网络协议标准文本。

(5)参考资料和专门术语说明。

2. 系统总体技术方案

1)模块设计

用模块结构图表示系统模块层次结构,说明主要模块的名称、功能。

2)代码设计

说明所用代码的种类、功能、代码表。

3)输入设计

说明输入的项目、主要功能、输入要求、输入的承担者、输入校验方法。

4)输出设计

说明输出的项目、主要功能、输出的接受者、数据类型与设备、介质、数值范围、精度要求等。

5)数据库设计

说明数据库设计的目标、主要功能要求、需求性能规定、运行环境要求、逻辑设计方案、物理设计方案。

6）网络设计

说明系统的网络结构、功能设计。

7）安全保密设计

说明在数据库的设计中，将如何通过区分不同的访问者、不同的访问类型和不同的数据对象，进行分别对待，从而获得不同的数据库访问权限。

8）实施方案说明

系统设计说明书还要说明实施的计划安排，给出各项工作（文件编制、用户培训等）的预定开始日期和结束日期，规定各项工作完成的先后次序及工作完成的标志。

除用户、系统研制人员外，还应邀请有关专家、管理人员审批实施方案，并将评审意见及审批人员名单附于系统设计说明书之后。经批准，实施方案方可生效。

▲ 实训任务

任务 4.1　仓储管理系统总体设计

❖任务分析

本任务通过对一个仓储管理系统实例进行总体分析，对物流管理信息系统的系统设计做了详细介绍。

❖工作步骤

系统设计是系统的物理设计阶段，即根据上述系统分析阶段所确定的系统逻辑模型与功能要求，设计出一个能在计算机网络环境上实施的方案。主要分为概要设计和详细设计两个步骤。概要设计主要解决系统的模块划分和模块的层次机构以及数据库设计；详细设计解决每个模块的控制流程、内部算法和数据结构的设计。这个阶段结束，要提交概要设计说明书和详细设计说明书，也可以合并在一起，称为系统设计说明书。

系统的总体设计是根据系统分析的实际情况，对系统的总体结构和可利用的资源进行宏观总体上的大致设计。系统总体设计包括系统划分、系统平台、计算机处理流程等。

本实例结合仓储管理系统实例，并结合功能划分方法和顺序划分方法，将系统进行划分，确定了仓储管理系统功能划分。

步骤一　仓储管理系统划分结构图

系统划分结构图如图 4-4 所示。

步骤二　系统平台

在进行总体设计时，还要进行计算机物理系统具体配置方案的设计，要解决计算机

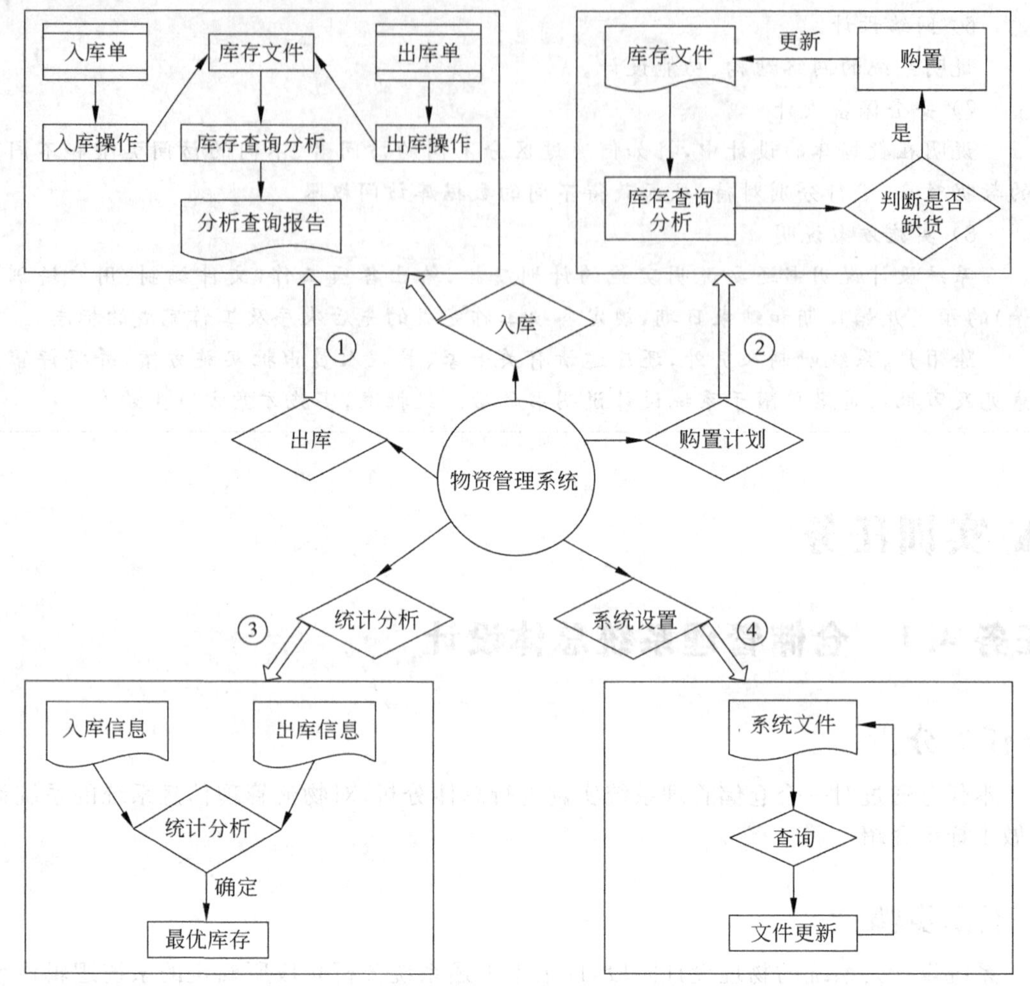

图 4-4　系统划分结构图

软/硬件系统的配置、通信网络系统的配置、机房设备的配置等问题。计算机物理系统的具体配置方案要经过用户单位和领导部门的同意才可实施。开发管理信息系统的大量经验说明，选择计算机软/硬件设备不能只看广告或资料介绍，必须进行充分的调查研究，最好应向使用过该软/硬件设备的单位了解运行情况及优缺点，并征求有关专家的意见，然后进行论证，最后写出计算机物理系统配置方案报告。如果先买计算机硬件，然后再决定开发，是不科学的，会造成极大浪费。因为，计算机更新换代非常快，在开发初期和开发中后期系统实施阶段购买计算机设备，其价格差别会很大。因此，在开发管理信息系统过程中，应在系统设计的总体设计阶段，开始讨论计算机物理系统的配置方案。

本实例的平台主要是在 VB. NET 2008 和 SQL Server 2000 的基础上进行开发的。对系统的要求如下。

1. 支持的体系结构

x86，指 CPU 基于 32 位；

x64(WOW),指 CPU 基于 64 位。

2. 支持的操作系统

Microsoft Windows 7。

Microsoft Windows Server 2003。

Windows Vista。

3. 硬件要求

最低要求:1.6GHz CPU,384MB RAM,1024 像素×768 像素显示器,5400RPM 硬盘。

建议配置:2.2GHz 或速度更快的 CPU,1024MB 或更大容量的 RAM,1280 像素×1024 像素显示器,7200RPM 或更高转速的硬盘。

任务 4.2 仓储管理系统详细设计

❖任务分析

系统详细设计中包括数据库设计、代码设计、用户界面设计、输入/输出设计、处理过程设计等几部分。本任务以一个仓储管理系统为例,着重分析了数据库设计、代码设计、用户界面设计的设计流程。

❖工作步骤

步骤一 数据库设计

数据流图描述了系统的分解,即描述了系统由哪几部分组成、各部分之间的联系等,但还没有说明系统中各个成分的含义。只有当数据流图中出现的每一个成分都给出定义之后,才能完整、准确地描述一个系统。为此,还需要其他工具对数据流图加以补充说明。

数据字典最初用于数据库管理系统。它为数据库用户、数据库管理员、系统分析员和程序员提供某些数据项的综合信息。这种思想启发了信息系统的开发人员,使他们想到将数据字典引入系统分析。

系统分析中所使用的数据字典,主要用来描述数据流图中的数据流、数据存储、处理过程和外部实体。数据字典把数据的最小组成单位看成是数据元素(基本数据项),若干个数据元素可以组成一个数据结构(组合数据项)。数据结构是一个递归概念,即数据结构的成分也可以是数据结构。数据字典通过数据元素和数据结构来描写数据流、数据存储的属性。数据元素组成数据结构,数据结构组成数据流和数据存储。

建立数据字典的工作量很大,相当烦琐。但这是一项必不可少的工作。数据字典在系统开发中具有十分重要的意义,不仅在系统分析阶段,而且在整个研制过程中以及今后的系统运行中都要使用它。数据字典实际上是关于数据的数据库,这样使用、维护都比较方便。

数据库设计是指根据用户的需求,在某一具体的数据库管理系统上,设计数据库的结构和建立数据库的过程。数据库设计的核心是要确定一个比较合适的数据模型,以满足用户的要求,便于理解、维护,并且能被 SQL Server 所接受。

本书中所列实例是在 SQL Server 2005 环境下进行数据库的设计,主要分为三个步骤:数据库的概念设计、数据库的逻辑设计、数据库的物理设计。

1. 数据库需求分析

例如,仓储管理系统数据库设计的需求分析如下:

(1) 一个仓库可以有很多个商品,而一个商品只能入一个仓库;

(2) 一个商品可以有很多入库单,一个入库单可以有多个商品;

(3) 一个商品可以有多张出库单,而一张出库单可以有多种商品。

2. 建立 E-R 模型

某仓库的出库管理 E-R 图如图 4-5 所示。

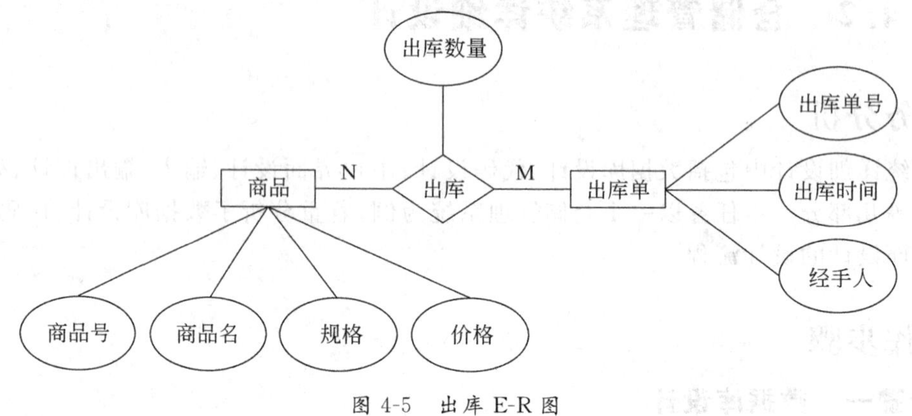

图 4-5 出库 E-R 图

某仓库的入库管理 E-R 图如图 4-6 所示。

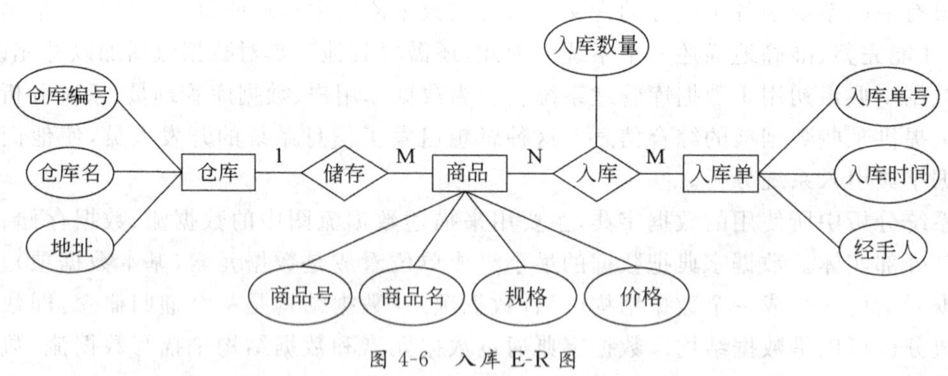

图 4-6 入库 E-R 图

3. 将 E-R 图转换为关系模型

仓储管理系统数据库的关系模型属性如下:

(1) 仓库{仓库编号,仓库名,地址};

(2) 商品{商品号,商品名,规格,价格};

(3) 入库明细{商品号,入库单号,入库数量};

(4) 入库单{入库单号,入库时间,经手人};

(5) 出库明细{商品号,出库单号,出库数量};

(6) 出库单{出库单号,出库时间,经手人}。

4. 确定主键和外键

1) 仓库表和商品表

主键:仓库表的仓库编号;外键:商品表的仓库编号。

2) 商品表和入库明细表

主键:商品表的商品号;外键:入库明细表的商品号。

3) 入库单表和入库明细表

主键:入库单表的入库单号;外键:入库明细表的入库单号。

4) 商品表和出库明细表

主键:商品表的商品号;外键:出库明细表的商品号。

5) 出库单表和出库明细表

主键:出库单表的出库单号;外键:出库明细表的出库单号。

5. 绘制数据库关系图

出库数据库关系图和入库数据库关系图分别如图 4-7 和图 4-8 所示。

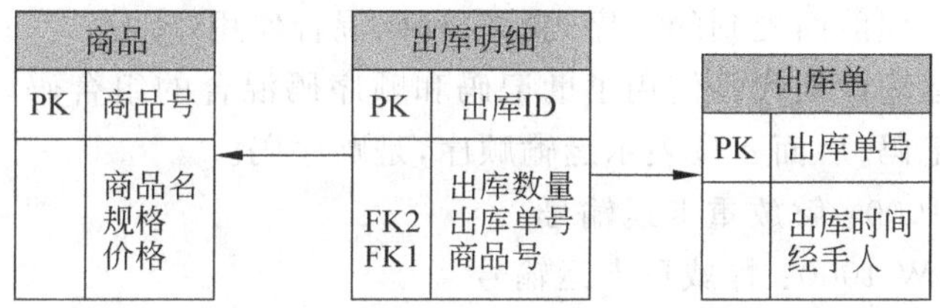

图 4-7 出库数据库关系图

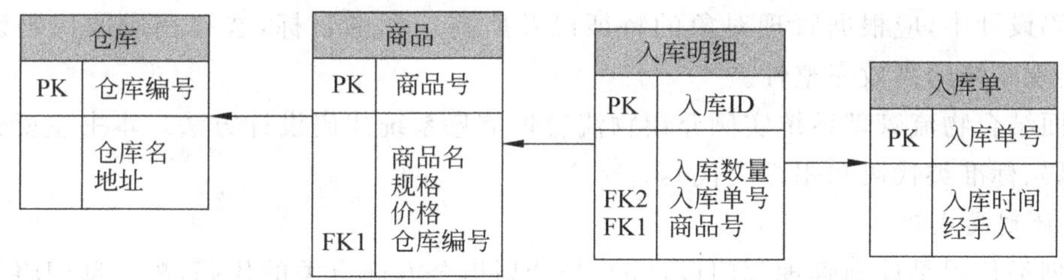

图 4-8 入库数据库关系图

步骤二 代码设计

代码设计是一项非常复杂、技术性很强的工作,关系到各个部门,是实现管理信息化、科学化的基础。代码的设计应遵循科学性、系统性、实用性、短小精悍性、可扩展性、兼容性等原则。

下面结合实例具体介绍顺序码、区间码、助记码和组合码。

(1) 顺序码,又称系列码。它以一个个连续排列的数字来代表编码对象。例如:

001——解放重卡;002——悍威重卡;003——郑州日产。

(2) 区间码,是将数据项分成若干组,每组给定一个区间值或字母。

例如,商品信息代码采用 4 位区间码。第 1 位：表示商品名称;第 2 位：表示商品单价;第 3 位：表示商品体积;第 4 位：表示商品重量。详情参考表 4-1。

例如：代码 1111——表示单价、体积、重量分别为 12.69、40、120 的润滑油。

表 4-1　商品信息代码结构

名　称	单　价	体　积	重　量
润滑油	12.69	40	120
轮胎	10.5	200	200
发动机	10000	500	800

(3) 助记码。由于顺序码和区间码是人为规定的,本身并没有什么意义,不便于记忆。而助记码正是为了克服这一缺点而提出的,一般用文字、数字或两者结合一起来表示。

例如：美国国家标准——ANS 和中国国家标准——GB。

(4) 组合码。由于事物本身具有的复杂性,前面三种代码不能准确有效进行编码的,便可以使用组合码,即前面提到的顺序码等三种码混合使用。

如下例所示,运输计划代码使用了助记码和顺序码混合的组合码。其中前面 2 位表示运输方式,是助记码;后面 4 位表示运输顺序,是顺序码。

JF 0001—JF 1000：解放重卡运输号

HW 0001—HW 1000：悍威重卡运输号

ZZ 0001—ZZ 1000：郑州日产运输号

以上着重讲述了代码的类型,接下来继续研究代码的设计方法。在物流管理信息系统的代码设计中,应根据管理对象的特征以及所要达到的目标,选择相应的代码设计方法,以实现系统的高效完整性。

下面结合物流管理系统实例介绍物流管理信息系统代码设计方法。本书主要介绍计划类代码、标准类代码和跟踪类代码。

1. 计划类代码

计划类代码是计划管理部门设计的、与计划指令方面有关的代码,配送部门将根据此类代码组织配送。如配送命令号,它采用了组合编码方式。

(1) 代码名称：配送命令号。

(2) 代码定义：配送部门的配送计划号。

(3) 代码长度：6 个字符。

(4) 代码构成：

<table>
<tr><td>1</td><td>2</td><td>3</td><td>4</td><td>5</td><td>6</td></tr>
<tr><td colspan="2">A</td><td colspan="4">B</td></tr>
</table>

A：代表配送的工具；

B：代表配送顺序号。

2. 标准类代码

标准类代码一般是用于数据存储文件中的主关键字或者关键字段，作为文件检索的主要依据，具有一定的意义。例如商品信息编号设计如下。

(1) 代码名称：商品编号。

(2) 代码定义：商品信息的唯一代码。

(3) 代码长度：10 个字符。

(4) 代码构成：

1	2	3	4	5	6	7	8	9	10
A		B		C		D		E	

A：商品名称；

B：体积；

C：重量；

D：数量；

E：金额。

3. 跟踪类代码

本系统中的跟踪类代码表示配送所要抵达的地点，管理部门根据此代码进行车辆调度或运输变更，以保证企业配送的及时性。如配送方案号，它采用了区间编码的方式。

(1) 代码名称：配送方案号。

(2) 代码定义：运输所处的配送环节。

(3) 代码长度：2 个字符。

(4) 代码构成：

1	2
A	

A：配送方案。

01—配送安排

02—车辆调度

03—配送开始

04—配送完成

05—配送取消

这样通过 01、02 等代码，给出了配送方案号，在表示运输所处的配送环节时，用代码表示即可，不需要文字表示。

步骤三 界面设计

根据上述需求分析及系统开发的相关要求,并结合总体设计的方法和原则,得出该物资管理系统的界面设计如下。

1. 总体界面设计

为了简单明了地说明系统的开发过程,本实例只涉及入库、出库、购置计划、统计分析以及系统设置等功能。系统的总体界面如图 4-9 所示。

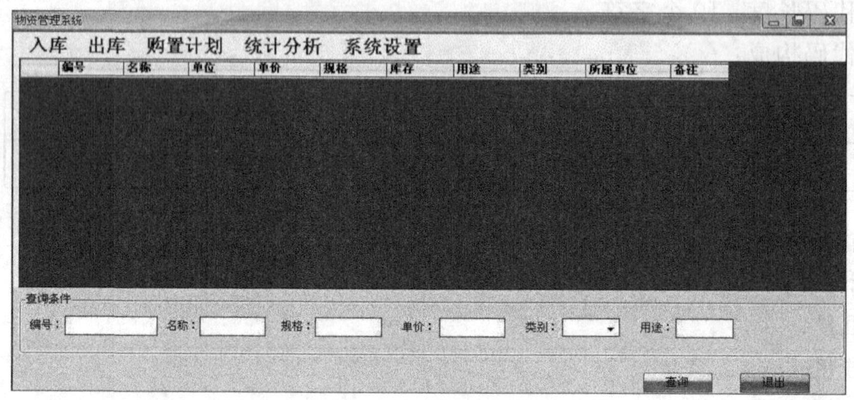

图 4-9 总体界面

2. 入库界面设计

入库界面的设计主要包括使用部门、付货部门、经手人以及商品的主要信息等,具体如图 4-10 所示。

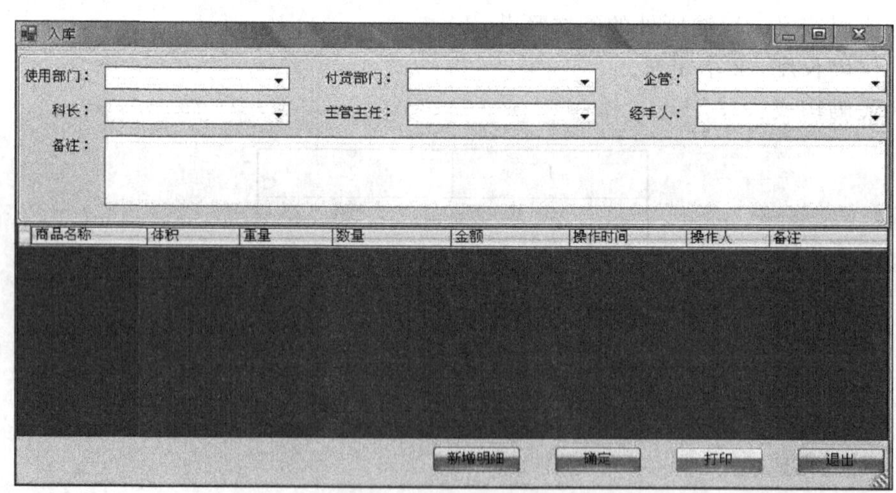

图 4-10 "入库"界面

3. 出库界面设计

出库界面与入库界面类似,都包含了同样的信息,如图 4-11 所示。

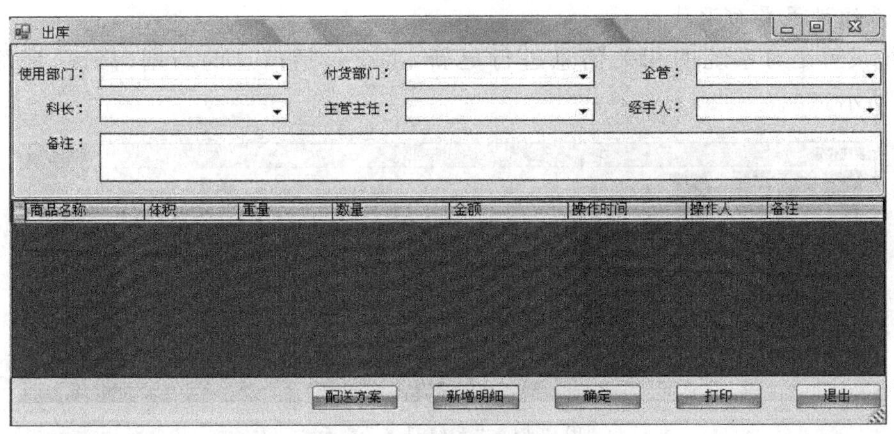

图 4-11 “出库”界面

4. 购置计划界面设计

购置是根据库存量进行的决策，实质是采购物品，所以其界面也就简单，如图 4-12 所示。

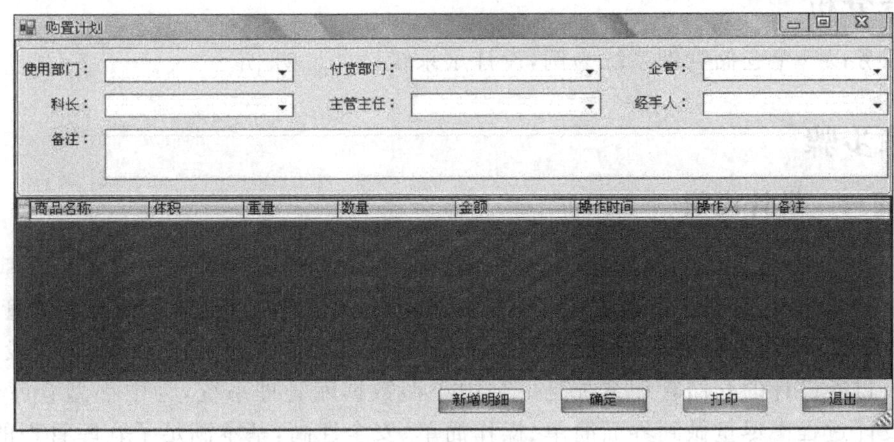

图 4-12 “购置计划”界面

5. 统计分析界面设计

这里主要做出库的统计分析，包括商品名称、出库日期、出库量等信息，如图 4-13 所示。

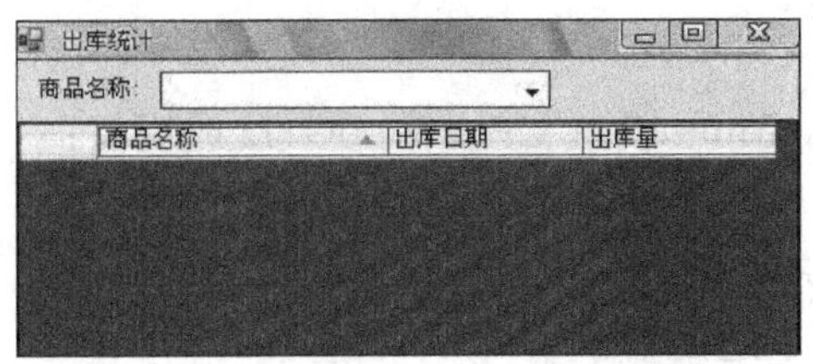

图 4-13 “出库统计”界面

6. 系统设置界面设计

系统设置是对系统的相关信息进行更新，主要包括信息的新增、修改、删除等，如图 4-14 所示。

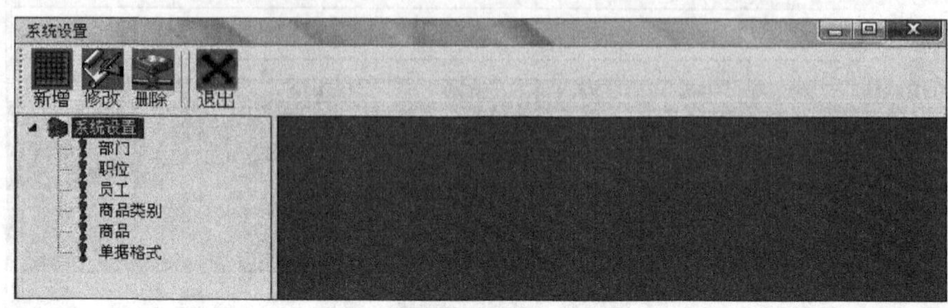

图 4-14 “系统设置”界面

任务 4.3 撰写仓储管理系统设计说明书

❖任务分析

本任务以一个仓储管理系统为例，设计了系统设计说明书。

❖工作步骤

步骤一 设计说明

仓库管理系统是为了实现企业产品管理的系统化、规范化和自动化，提高企业管理效率而设计的。仓储管理系统是一个企业不可缺少的部分，它的内容对于企业的决策者和管理者来说都至关重要。开发仓储管理系统的目的是为用户提供充足的信息和快捷的查询手段。

本项目所设计的仓储管理系统是一个中小型数据库管理系统，为中小型仓库管理而开发。设计过程中尽量做到界面简单、操作简单、安全性高，基本满足了仓库管理的要求。本仓储管理系统是以 VS. NET 为编程语言，以 SQL Server 2005 作为后台数据库而开发的一个数据库管理系统。

步骤二 系统环境要求

本系统采用单机模式。

1. 硬件环境

(1) 处理器：Intel Pentium(R)4 CPU 3.00GHz 或更高；

(2) 内存：2GB；

(3) 硬盘空间：320GB；

(4) 显卡：SVGA 显示适配器。

2. 软件环境

(1) 操作系统：Windows 7；

(2) 开发软件：Microsoft Visual Studio.NET 2005；

(3) 数据库：Microsoft SQL Server 2005。

步骤三　系统总体设计

1. 系统目标设计

本项目所设计的仓储管理系统为中小型仓库管理而开发，用以实现仓储管理的系统化、规范化和自动化。

2. 开发设计思想

仓储管理主要是仓库各种货物的管理。进货时，经检查合同确认为有效后，进行验收入库，填写入库单，进行入库登记。出货时按订单要求开出货品出库单，仓库管理人员根据出库单核对发放货品。根据需要按照月、年进行统计分析，产生相应报表。

仓储管理的特点是信息处理量比较大，所管理的货物种类繁多，而且由于入库单、出库单、盘点单等单据发生量特别大，关联信息多，查询和统计的方式各不相同，因此在管理上实现起来有一定的困难。

为此，在设计过程中，在满足业务需要的前提下，应尽量简化一些业务流程，满足计算机开发的需求。下面给出一些设计遵循的原则。

(1) 建立统一的格式。统一各种原始单据的格式，统一报表的格式。

(2) 删除不必要的管理冗余。简化一些人工操作时不必要的流程，实现管理规范化、科学化。

(3) 界面设计简单。界面设计以实用为主，满足企业中不同计算机水平人员的需要。

(4) 程序代码标准化。只有保证软件统一化，才能实现软件的可维护性和实用性。

(5) 建立操作日志。通过操作日志，系统自动记录所进行的各种操作，便于纠错。

3. 系统功能需求分析

本仓储管理系统需要完成的主要功能如下：

(1) 仓储管理各种信息的输入，包括货物、供应商、客户、仓库信息的输入等；

(2) 仓储管理入库单的输入；

(3) 仓储管理出库单的输入；

(4) 仓储管理各种信息的查询，包括货物、单据、货物出入、经手人操作查询；

(5) 仓储管理各种统计信息；

(6) 打印报表的生成；

(7) 仓库管理系统的使用帮助。

4. 系统功能模块设计

系统功能模块设计如图 4-15 所示。

步骤四　系统详细设计

1. 数据库设计

详细内容见任务 4.2 的步骤一“数据库设计”。

系统中主要的表设计如表 4-2～表 4-5 所示。

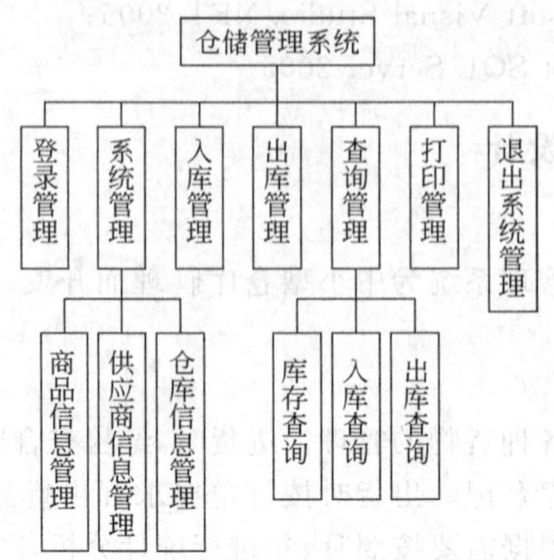

图 4-15 系统功能模块设计

表 4-2 商品信息表 PLUs

字段名称	数据类型	长度	是否允许空	说明
id	int	4	否	顺序号,应为自动编号,设为主键
plu_id	int	4	是	商品编号
plu_name	varchar	200	是	商品名称
plu_depid	int	4	是	部门编号,与 department 表中 dep_id 字段关联
plu_unitprice	money	8	是	进货价格
plu_price	money	8	是	销售价格
plu_merid	int	4	是	供货厂商编号
plu_merchant	varchar	200	是	供货厂商名称
plu_number	varchar	100	是	条形码
plu_date	smalldatetime	4	是	创建日期

表 4-3 供货商表 PLUs

字段名称	数据类型	长度	是否允许空	说明
Mer_id	int	4	否	顺序号,应为自动编号,设为主键
Mer_name	varchar	200	否	供货厂商名称
Mer_address	varchar	300	是	供货厂商地址
Mer_manager	varchar	100	是	供货厂商联系人
Mer_tel	varchar	100	是	供货厂商联系电话
Mer_nemo	text	16	是	备注

表 4-4 商品库存表 Depot 的结构

字段名称	数据类型	长度	是否允许空	说明
Id	Int	4	否	顺序号,应为自动编号,设为主键
Depot_id	Int	4	是	商品编号
Depot_number	varchar	100	是	条形码

续表

字段名称	数据类型	长度	是否允许空	说　明
Depot_name	varchar	100	是	商品名称
Depot_stocks	Int	4	是	库存数量
Depot_depid	Int	4	是	部门编号
Depot_merid	Int	4	是	供货商编号
Depot_date	Smalldatetime	4	是	创建时间

表 4-5　用户表 usrmst 的结构

字段名称	数据类型	长度	是否允许空	说　明
User_id	Int	4	否	用户编号，设为主键
User_name	Varchar	100	否	用户名称
User_password	Varchar	100	否	密码
usr_rname	varchar	8	是	用户姓名
usr_deptid	int	4	是	用户所属部门

2. 代码设计

详细内容见任务 4.2 的步骤二“代码设计”。

3. 界面设计

详细内容见任务 4.2 的步骤三“界面设计”。

▲ 项目小结

系统设计是物流管理信息系统开发的一个重要阶段，这个阶段是对系统的物理设计，即通过前面的系统分析报告对系统逻辑功能的要求分析，从实际出发进行各种具体设计，确定系统的实施方案，解决系统“如何去完成”的问题，最终给出详细的设计方案，为下一阶段的实现制订详细计划。

▲ 思考与练习

一、简答题

1. 系统设计结束时应该提交哪些文档资料？
2. 简述系统设计的流程和主要内容。
3. 系统设计包括系统总体设计和系统详细设计，请详细加以说明。

二、实训题

实训名称	在项目三对仓储管理系统全面系统分析的基础上,进行系统设计,并提交仓储管理系统设计报告
实训日期	年 月 日
实训目的	通过真实地设计一个仓储管理系统,掌握物流管理系统的设计方法
实训内容	1. 系统划分结构图
	2. 系统平台设计
	3. 数据库设计
	4. 代码设计
	5. 用户界面设计
	6. 输入输出设计
	7. 处理过程设计
	8. 系统设计报告
参考资料	相关书籍与网站名称

项目五
物流管理信息系统实施

▲ 学习目标

- 熟悉 ASP. NET 以及 SQL Server 的应用；
- 掌握系统实施的内容；
- 掌握系统测试的方法；
- 具备分析系统和开发系统的初步能力。

▲ 项目描述

本任务通过对一个仓储管理系统实例进行分析，对物流管理信息系统的系统实施与维护做了详细介绍，包括程序设计、系统测试、系统评价和系统维护等。

系统实施与维护是指将系统设计阶段的结果在计算机上实现并对系统的相关功能、数据、程序进行维护的过程。它以系统设计为基础，进行具体的实施与维护工作，主要任务包括系统实施环境的建立、程序设计、数据准备与录入、系统测试、系统评价和系统维护等。

▲ 专业知识

一、系统实施

(一) 系统实施的步骤

系统实施作为系统开发全过程中费用最大、周期最长、涉及面最广的一个阶段,是指将系统设计阶段的结果在计算机上进行实现,即将原来纸面上的、类似于设计图式的系统方案转换成可执行的应用软件的过程。

系统实施阶段的主要活动包括物理系统的建立、程序的编制、系统调试、系统切换以及系统的评价。按其工作内容,系统实施又可分为实施设计和制造过程两个阶段。

1. 实施设计阶段

在这个阶段根据系统设计阶段的最终成果,即系统说明书、系统制造基本计划、系统实施计划等,编制制造说明书和制造实施计划,并预测、分析和排除在实施过程中可能出现的随机干扰因素。

实施设计的内容包括:①熟悉和掌握系统设计的相关内容;②制订实施设计的详细计划;③对系统实施进行详细的设计、评价和决定;④对系统制造方案进行详细分析和评价;⑤对某些过程进行试验并根据试验结果进行设计和制造方案的修正;⑥编制和确定制造说明书、计划书。

2. 制造过程阶段

在这个阶段可以根据实施设计阶段的最终成果,即制造说明书、计划书等,合理有效地制造系统。同时,制定系统运行阶段所需要的有关运行和维修文件。

制造过程的具体内容包括:①熟悉和掌握制造说明书的具体内容;②制订详细的制造计划;③对制造部门的生产能力和技术水平等进行预测、分析和评价;④依照制造计划进行系统制造,并对制造过程进行管理和控制;⑤对初步建立的系统进行试验和评定;⑥对制造过程进行总结和评价;⑦制定系统运行说明书、维修说明书及运行和维护管理说明书;⑧培训系统运行操作人员和系统维护人员。

系统实施与维护阶段主要是进行系统的实现、评价与维护。本书结合物流管理系统实例,具体步骤可分为:程序设计、系统测试、系统评价、系统维护四个步骤,如图 5-1 所示。

(二) 程序设计

程序设计是根据系统的特定问题给出程序的过程,是系统构造活动的重要组成部分。程序设计通常以某种程序设计语言为工具,包括分析、设计、编码、测试、排错等不同阶段。专业的程序设计人员常被称为程序员。系统中程序的设计要遵循可靠性、实用性、规范性、易读性、效率性、可维护性、可重用性等原则。

程序设计是指设计、编制、调试程序的方法和过程。程序设计通常分为问题建模,算

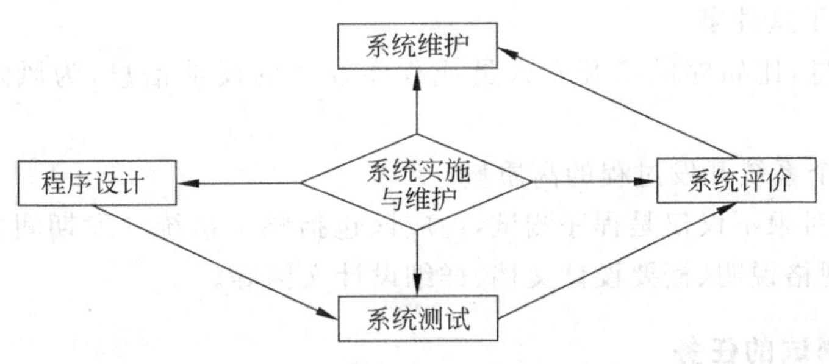

图 5-1　系统实施与维护流程图

法设计、编写代码、编译调试和整理并写出文档资料五个阶段。用简单的等式来解释程序设计，即程序设计＝数据结构＋算法。

1. 程序设计的分类

首先按照结构性质，可分为结构化程序设计与非结构化程序设计。前者是指具有结构性的程序设计方法与过程，有由基本结构构成复杂结构的层次性；后者反之。

其次按照用户的要求，可分为过程式程序设计与非过程式程序设计。前者是指使用过程式程序设计语言的程序设计；后者指使用非过程式程序设计语言的程序设计。

再次按照程序设计的成分性质，可分为顺序程序设计、并发程序设计、并行程序设计、分布式程序设计四类。

最后按照程序设计风格，可分为逻辑式程序设计、函数式程序设计、对象式程序设计三类。

2. 程序设计语言

程序设计语言是用于编写计算机程序的语言。语言的基础是一组记号和一组规则。根据规则由记号构成的记号串的总体就是语言。程序设计语言包含三个方面，即语法、语义和语用。语法表示程序的结构或形式，不涉及这些记号的特定含义。语义表示程序的含义。语用表示程序与使用之间的关系。

程序设计语言的基本成分有：①数据成分，用于描述程序所涉及的数据；②运算成分，用以描述程序中所包含的运算；③控制成分，用以描述程序中所包含的控制；④传输成分，用以表达程序中数据的传输。

程序设计语言是软件的重要方面，其发展趋势是模块化、简明化、形式化、并行化和可视化。常用的程序设计语言有 C 语言、C++、C#、Java、Visual FoxPro、Visual Basic 等。

二、系统测试

（一）系统测试的目的

系统测试主要的工作内容是验证和确认。验证是保证系统准确高效地实现一些特定功能的一系列活动，即确保系统做了客户所期望的事情。确认的目的是证实在一个给定的外部环境中系统的逻辑正确性，即保证系统以正确的方式来做这件事。

（1）确认系统的质量，一方面是确认系统执行了期望的事情；另一方面是确认系统以正确的方式来做了这件事。

(2) 提供信息,比如提供给开发人员或程序经理的反馈信息,为风险评估所准备的信息。

(3) 保证整个系统开发过程的高质量。

系统测试的对象不仅仅是程序测试,还应该包括整个系统开发期间各个阶段所产生的文档,如需求规格说明、概要设计文档、详细设计文档等。

(二) 系统测试的任务

系统测试阶段有以下几方面的任务。

(1) 寻找 BUG。

(2) 避免软件开发过程中的缺陷。

(3) 衡量软件的品质。

(4) 关注用户的需求。

为实现系统测试的任务,系统测试需要经过以下几个阶段。

(1) 制定测试大纲。

(2) 制作测试数据。

(3) 单元测试(程序测试)。

(4) 功能测试。

(5) 性能测试。

(6) 集成测试(子系统测试)。

(7) 系统测试。

(8) 验收测试。

(9) 写出测试报告书。

(10) 提交下一阶段工作所需的系统运行、维护手册的草案。

(三) 测试用例

测试用例是为某个特殊目标而编制的一组测试输入、执行条件以及预期结果,以便测试某个程序路径或核实是否满足某个特定需求。

测试用例设计的内容可由模块名、功能说明或图形说明、测试用例输入、应输出结果、实际输出结果、结论、BUG 编号、BUG 级别八部分组成。系统测试人员应该统一测试用例编写的规范,以保证使用最有效的测试用例,保证测试质量,特别是针对系统的关键业务及重要流程要进行测试分析。测试用例的编写要坚持系统性、准确性、连贯性、符合业务规范、仿真性、可操作性等原则。

测试用例是系统测试的核心。系统测试的重要性是毋庸置疑的。但如何以最少的人力、资源投入,在最短的时间内完成测试,发现系统的缺陷,保证软件的优良品质,则是系统开发者探索和追求的目标。每个系统开发项目都需要有一套优秀的测试方案和测试方法。影响系统测试的因素很多,例如软件本身的复杂程度、开发人员(包括分析、设计、编程和测试人员)的素质、测试方法和技术的运用等。有些因素是客观存在的,无法避免。

有些因素则是波动的、不稳定的，例如开发队伍是流动的，有经验的走了，新人不断补充进来；一个具体人员的工作也受情绪等影响。如何保障软件测试质量的稳定？有了测试用例，无论是谁来测试，参照测试用例实施，都能保障测试的质量。可以把人为因素的影响减少到最小。即便最初的测试用例考虑不周全，随着测试的进行和软件版本更新，也将日趋完善。

因此测试用例的设计和编制是软件测试活动中最重要的。测试用例是测试工作的指导，是软件测试必须遵守的准则，更是软件测试质量稳定的根本保障。

（四）实例所用的测试方法

1. 黑盒测试

顾名思义就是将被测系统看成一个黑盒子，在完全不考虑程序内部结构和特性的情况下，测试者在程序接口进行测试。它只检查程序功能是否按照需求规格说明书的规定正常使用，程序是否能适当地接收输入数据而产生正确的输出信息，并且保持外部信息（数据库或文件）的完整性。黑盒测试也称功能测试或数据驱动测试，它是在已知产品所应具有的功能，通过测试来检测每个功能是否都能正常使用，整个测试基于需求文档来判断是否满足需求文档中的所有要求。

黑盒测试的优点是测试比较简单，不需要了解程序内部的代码实现；与软件的内部实现无关；从用户角度出发，能很容易地知道用户会用到哪些功能，遇到哪些问题；基于软件开发文档，所以也能知道软件实现了文档中的哪些功能；在做软件自动化测试时较为方便。

黑盒测试的缺点有：不可能覆盖所有的代码，覆盖率较低，大概只能达到总代码量的30%；自动化测试的复用性较低。

2. 白盒测试

白盒测试是指按照程序内部的结构测试程序，检验程序中的每条通路是否都能按预定要求正确工作，而不考虑它的功能。白盒测试也称结构测试或逻辑驱动测试，是指在测试时能够了解被测对象的结构，可以查阅被测代码内容的测试工作。它需要知道程序内部的设计结构及具体的代码实现，并以此为基础来设计测试用例。如下例程序代码。

```
HRESULT Play(char* pszFileName)
{
    if(NULL==pszFileName)
    return;
    if(STATE_OPENED==currentState)
    {
        PlayTheFile();
    }
    return;
}
```

白盒测试的直接好处就是能知道所设计的测试用例在代码级上哪些地方被忽略掉，它的优点是帮助软件测试人员增大代码的覆盖率，提高代码的质量，发现代码中隐藏的问题。缺点是程序运行会有很多不同的路径,不可能测试所有的运行路径;测试基于代码,只能测试开发人员做得对不对,而不能知道设计的正确与否,可能会漏掉一些功能需求;系统庞大时,测试开销会非常大。

3. 灰盒测试

灰盒测试,是介于白盒测试与黑盒测试之间的系统测试方法。可以这样理解,灰盒测试关注输出对于输入的正确性,同时也关注内部表现,但这种关注不像白盒测试那样详细、完整,只是通过一些表征性的现象、事件、标志来判断内部的运行状态,有时候输出是正确的,但内部其实已经错误了,因此需要采取这样的灰盒测试方法。

灰盒测试结合了白盒测试和黑盒测试的相关要素,考虑了用户端、特定的系统知识和操作环境。灰盒测试由方法和工具组成,这些方法和工具取材于应用程序的内部知识和与之交互的环境,能够用于黑盒测试以提高测试、错误发现和分析的效率。灰盒测试涉及输入和输出,但使用关于代码和程序操作等通常在测试人员视野之外的信息进行设计测试。测试者可能知道系统组件之间是如何互相作用的,但缺乏对内部程序功能和运作的详细了解。对于内部过程,灰盒测试把程序看作一个必须从外面进行分析的黑盒。

(五)系统测试步骤

系统测试按四个步骤进行,即单元测试、集成测试、确认测试和系统测试。

开始是进行单元测试。集中对用源代码实现的每一个程序单元进行测试,检查各个程序模块是否正确地实现了规定的功能。集成测试则是把已测试过的模块组装起来,主要对与设计相关的系统体系结构的构造进行测试。确认测试则是要检查已实现的系统是否满足了需求规格说明书中所确定的各种需求。最后一步系统测试是把已经确认过的系统进行实际运行,并与其他系统成分组合在一起进行测试。

其中单元测试又称模块测试,是针对软件设计的最小单位——程序模块,进行正确性检验的测试工作,其目的在于发现各模块内部可能存在的各种差错。单元测试需要从程序的内部结构出发设计测试用例,多个模块可以平行地独立进行单元测试。

通常,在单元测试的基础上,需要将所有模块按照设计要求组装成为系统。这时需要考虑的问题是:在把各个模块连接起来时,穿越模块接口的数据是否会丢失;一个模块的功能是否会对另一个模块的功能产生不利的影响;各个子功能组合起来,能否达到预期要求的父功能;全局数据结构是否有问题;单个模块的误差累积起来是否会放大,从而达到不能接受的程度。在单元测试的同时可进行集成测试,可以发现并排除在模块连接中可能出现的问题,最终构成要求的软件系统。

确认测试又称有效性测试。其任务是验证软件的功能和性能及其他特性是否与用户的要求一致。对软件的功能和性能要求在软件需求规格说明书中已经明确规定。它包含的信息就是软件确认测试的基础。确认测试要检查已实现的软件是否满足了需求规格说明书中确定了的各种需求,以及软件配置是否完全、正确。

系统测试是将通过确认测试的软件作为整个基于计算机系统的一个元素,与计算机硬件、外设、某些支持软件、数据和人员等其他系统元素结合在一起,在实际运行环境下,对计算机系统进行一系列的组装测试和确认测试。系统测试的目的在于通过与系统的需求定义作比较,发现软件与系统的定义不符合或与之矛盾的地方。

系统测试一方面是为了确认软件的质量;另一方面是确认软件做了所期望做的事情;还有一方面是确认软件以正确的方式来做了这个事情。

如果一个软件产品开发完成之后发现了很多问题,这说明此软件的开发过程很可能是有缺陷的。因此,软件测试的目的是保证整个软件开发过程是高质量的。

▲ 实训任务

任务 5.1 仓储管理系统界面设计与实现

❖任务分析

项目四中完成了仓储管理系统中界面的设计,本任务将以仓储管理系统为例,给出利用 VS. NET 2008 实现仓储管理系统界面的步骤。

❖工作步骤

步骤一 程序配置文件设置

VB. NET 的程序可以在记事本或其他文本编辑器里创建,但如果进行正式的 VB. NET 的编程或组件开发,最好还是在 Visual Studio. NET 的环境中进行。

本项目所实现的商品销售管理系统就是在 VS. NET 的环境中开发的。首先,需要在 VS. NET 中新建项目,并定义项目的名称和路径。当新项目创建完成后,VS. NET 就会创建一个新的 Web 应用程序,以及该项目的物理目录和虚拟目录。

在新的 Web 应用程序中,VS. NET 将为项目添加了一个新页面,并在编辑器中将其打开。这个新的 ASP. NET 页面需要先进行界面设计,在页面上添加合适的控件。当页面上所有控件都定义完成后,需要保存和浏览页面。此时的 ASP. NET 页面只是一个界面,不具有处理事件的实际能力,需要添加必要的代码,才能完成相应的功能模块。

代码添加完成后,保存 Web 窗体页面并生成应用程序,单击工具栏中的运行按钮,程序自动编译,最后生成结果页面,这时,就能在一个内嵌的浏览器窗口中查看页面。

本任务首先介绍两个具体的应用程序文件:Global. asax 和 web. config。

1. Global. asax 文件

Global. asax 文件是一种文本文件,它必须位于 ASP. NET 应用程序代码应当运行的根目录下。Global. asax 文件是默认添加到 VS. NET Web 应用程序中的,主要用来提供应用程序和会话的开始和清除代码,以及设置要作为一个整体应用于应用程序的选项。

本例中 Global. asax 代码如下:

```
<%@Application Codebehind="Global.asax.vb" Inherits="localhost.Global" %>
```

Global. asax. vb 关键的代码如下:

```
Imports System.Web
Imports System.Web.SessionState
Public Class Global
    Inherits System.Web.HttpApplication
#Region "组件设计器生成的代码"
    Public Sub New()
        MyBase.New()
        '该调用是组件设计器所必需的。
        InitializeComponent()
        '在 InitializeComponent() 调用之后添加任何初始化。
    End Sub
    '组件设计器所必需的
    Private components As System.ComponentModel.IContainer
    '注意:以下过程是组件设计器所必需的。
    '可以使用组件设计器修改此过程。
    '不要使用代码编辑器修改它。
    <System.Diagnostics.DebuggerStepThrough()>Private Sub InitializeComponent()
        components =New System.ComponentModel.Container()
    End Sub
#End Region
    Sub Application_Start(ByVal sender As Object, ByVal e As EventArgs)
        '在应用程序启动时激发。
        Dim DSN ="Server=localhost;Database=cangchu;Uid=sa;pwd=123456"
        Application.Lock()
        Application("DSN") =DSN
        Application.UnLock()
    End Sub
End Class
```

2. web. config 文件

web. config 文件是一个基于 XML、人机可读的文件,包含应用程序的配置选项。ASP. NET 的配置文件是基于 XML 格式的纯文本文件,存在于应用的各个目录下,统一命名为"web. config"。它决定了所在目录及其子目录的配置信息,并且子目录下的配置信息覆盖其父目录的配置。这种方式可以为应用程序建立一套有层次的配置机制。

WINNT\Microsoft. NET\Framework\版本号\下的 web. config 为整个机器的根配置文件,它定义了整个环境下的默认配置。如果在应用程序的主目录下添加了 web. config 文件,其中包含的配置设置在整个应用程序中有效。

默认情况下,浏览器是不能够直接访问目录下的 web. config 文件的。在运行状态下,ASP. NET 会根据远程 URL 请求,把访问路径下的各个 web. config 配置文件叠加,产生一个唯一的配置集合。

本例中 web. config 的代码如下:

```
<!--第一行的 encoding 属性用于设置页面所使用的语言-->
<?xml version="1.0" encoding="utf-8" ?>
<configuration>
```

```
<system.web>
  <!--  动态调试编译
        设置 compilation debug="true" 以将调试符号(.pdb 信息)插入到编译页中。因
        为这将创建执行起来较慢的大文件,所以应该只在调试时将该值设置为 true,而所有
        其他时候都设置为 false。更多信息请参考有关调试 ASP.NET 文件的文档。
  -->
  <compilation defaultLanguage="vb" debug="true" />
  <!--  自定义错误信息
        设置 customErrors mode="On" 或 "RemoteOnly" 以启用自定义错误信息,或设置
        为 "Off" 以禁用自定义错误信息。
        为每个要处理的错误添加 _error>标记。
        "On" 始终显示自定义(友好的)信息。
        "Off" 始终显示详细的 ASP.NET 错误信息。
        "RemoteOnly" 只对不在本地 Web 服务器上运行的用户显示自定义(友好的)信息。
        出于安全目的,建议使用此设置,以便不向远程客户端显示应用程序的详细信息。
  -->
  <customErrors mode="RemoteOnly" />
  <!--  身份验证
        此节设置应用程序的身份验证策略。可能的模式是 "Windows"、"Forms"、
        "Passport" 和 "None"。
        "None" 不执行身份验证。
        "Windows" IIS 根据应用程序的设置执行身份验证(基本、简要或集成 Windows)。在
        IIS 中必须禁用匿名访问。
        "Forms"为用户提供一个输入凭据的自定义窗体(Web 页),然后在应用程序中验证他
        们的身份。用户凭据标记存储在 Cookie 中。
        "Passport" 身份验证是通过 Microsoft 的集中身份验证服务执行的,它为成员站点
        提供单独登录和核心配置文件服务。
  -->
  <authentication mode="Windows" />
  <!--  授权
        此节设置应用程序的授权策略。可以允许或拒绝不同的用户或角色访问应用程序资
        源。通配符:"*" 表示任何人,"?" 表示匿名(未经身份验证的)用户。
  -->
  <authorization>
      <allow users="*" /><!--允许所有用户 -->
         <!--  <allow    users="[逗号分隔的用户列表]"
                         roles="[逗号分隔的角色列表]"/>
               <deny     users="[逗号分隔的用户列表]"
                         roles="[逗号分隔的角色列表]"/>
         -->
  </authorization>
  <!--  应用程序级别跟踪记录
        应用程序级别跟踪为应用程序中的每一页启用跟踪日志输出。
        设置 trace enabled="true" 可以启用应用程序跟踪记录。如果 pageOutput=
       "true",则
        在每一页的底部显示跟踪信息。否则,可以通过浏览 Web 应用程序
         根目录中的 trace.axd 页来查看
        应用程序跟踪日志。
  -->
```

```
<trace enabled="false" requestLimit="10" pageOutput="false" traceMode="
SortByTime" localOnly="true" />
<!--  会话状态设置
      默认情况下,ASP.NET 使用 Cookie 来标识哪些请求属于特定的会话。
      如果 Cookie 不可用,则可以通过将会话标识符添加到 URL 来跟踪会话。
      若要禁用 Cookie,请设置 sessionState cookieless="true"。
-->
<sessionState
        mode="InProc"
        stateConnectionString="tcpip=127.0.0.1: 6666"
        sqlConnectionString="data source=127.0.0.1;Trusted_Connection=yes"
        cookieless="false"
        timeout="20"
/>
<!--  全球化
      此节设置应用程序的全球化。
-->
<globalization requestEncoding="utf-8" responseEncoding="utf-8" />
  </system.web>
</configuration>
```

步骤二　系统界面的实现

本实例是用 VS. NET 2008 程序设计语言,依照面向对象的程序设计方法进行程序设计的。程序设计的主要任务是对各个系统模块的功能进行内部处理和算法描述,从而彻底弄清楚控制流程、处理功能、数据组织等方面的实现过程,然后直接进行代码的编译。读者可参考后面相关知识中的程序设计相关内容或者相关书籍,对程序设计进行透彻的理解,这里不再赘述。

本任务以入库界面设计为例,步骤如下所述。

通过以上分析,这里主要列举入库功能模块的设计开发详细过程,请读者详细参阅。为了便于读者明确最终开发的实体,先将最终生成的界面列举如图 5-2 所示。

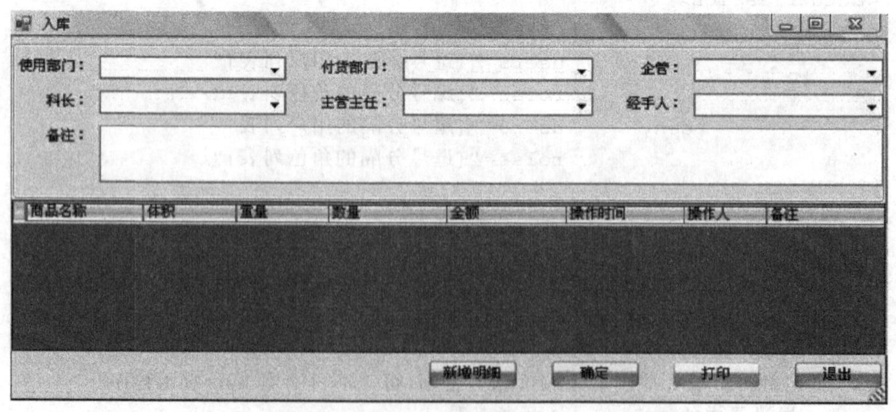

图 5-2 “入库”界面

接下来描述具体的开发过程。

(1) 单击“开始”按钮，在“所有程序”菜单中选择 Microsoft Visual Studio. NET 2008 命令，将会出现如图 5-3 所示的窗口。

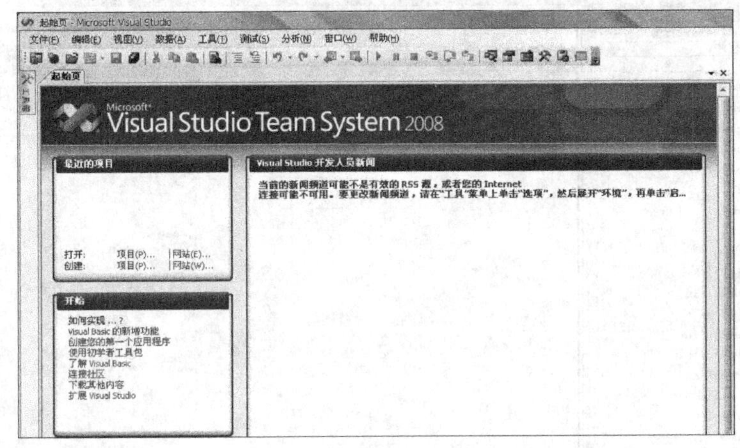

图 5-3 VS. NET 2008 界面

(2) 在图 5-3 所示窗口左边中部位置选择创建项目，将出现如图 5-4 所示界面。

图 5-4 创建项目界面

(3) 在图 5-4 所示对话框右边“模板”列表框中选择“Windows 窗体应用程序”选项，将对话框下部的“名称”文本框内容改为“入库”，单击“确定”按钮，出现如图 5-5 所示窗口。

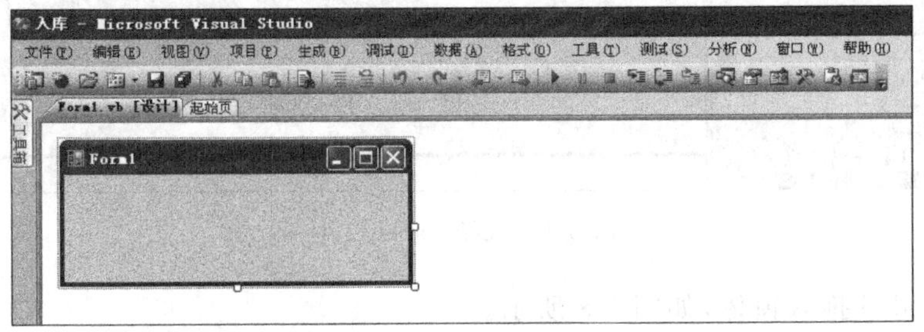

图 5-5 窗体设计界面

(4) 在“入库”窗口最左边调出工具箱,如图 5-6 所示。

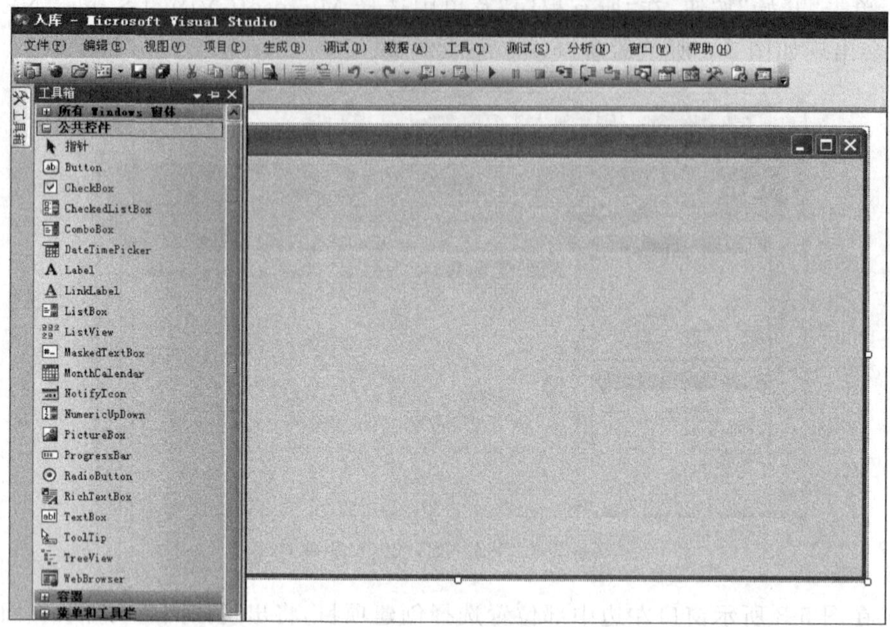

图 5-6 工具箱界面

(5) 选择 Label 控件,如图 5-7 所示。

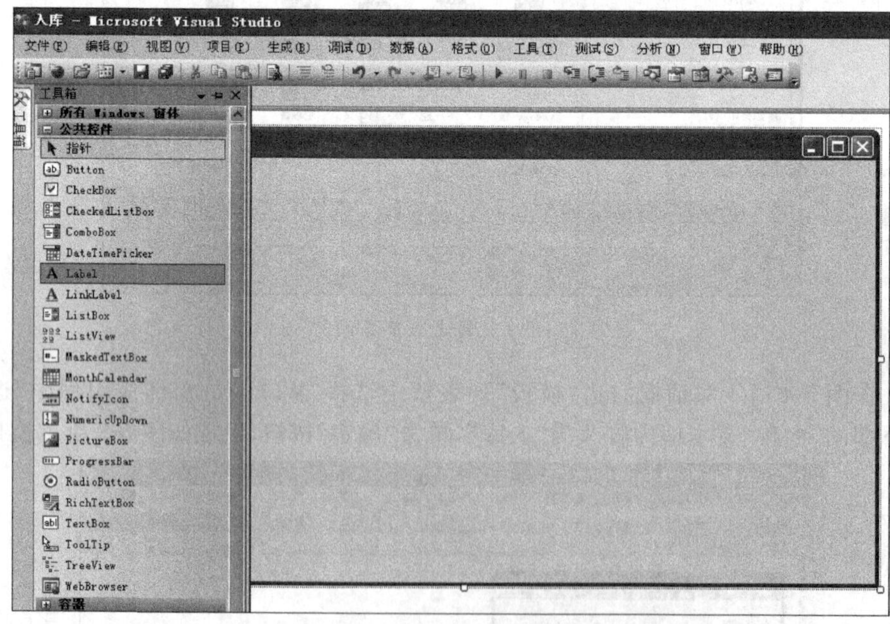

图 5-7 选择 Label 控件

(6) 将 Label 拖入窗体,如图 5-8 所示。

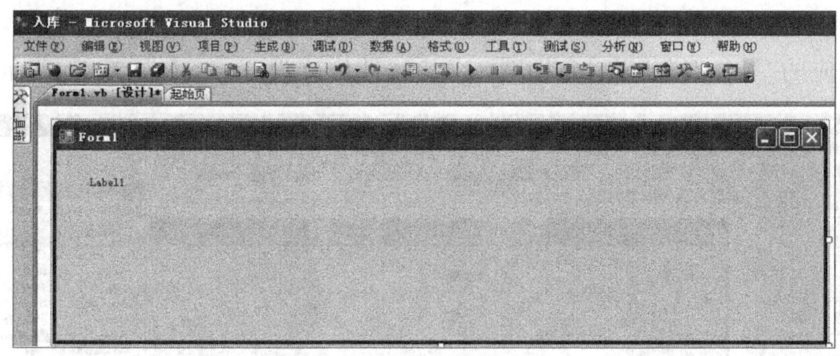

图 5-8　应用 Label 控件界面

（7）要更改控件属性，可右击控件，选择“属性”命令；或者将鼠标指针移至窗口右边的属性栏，选中 Label 控件，在 text 属性窗口中将 Label1 改名为“使用部门：”，然后在“公共控件”栏中选择 ComboBox 选项，将 ComboBox 拖至右边“使用部门”文字后，如图 5-9 所示。

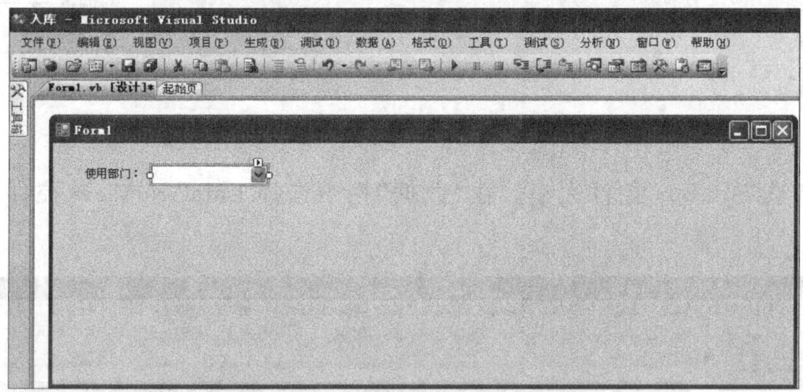

图 5-9　应用 ComboBox 控件界面

（8）逐一按照上述方法建立如图 5-10 所示界面。

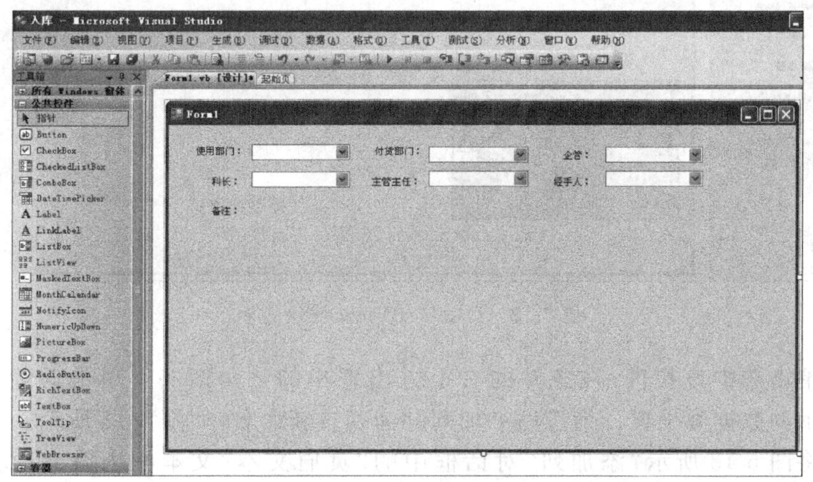

图 5-10　入库界面设计

(9) 选择“公共控件”栏中的 TextBox。将 TextBox 拖至右边“备注”文字后选中,并在最右边相应的“属性”栏中将 Multiline 中的属性修改为 True,如图 5-11 所示。

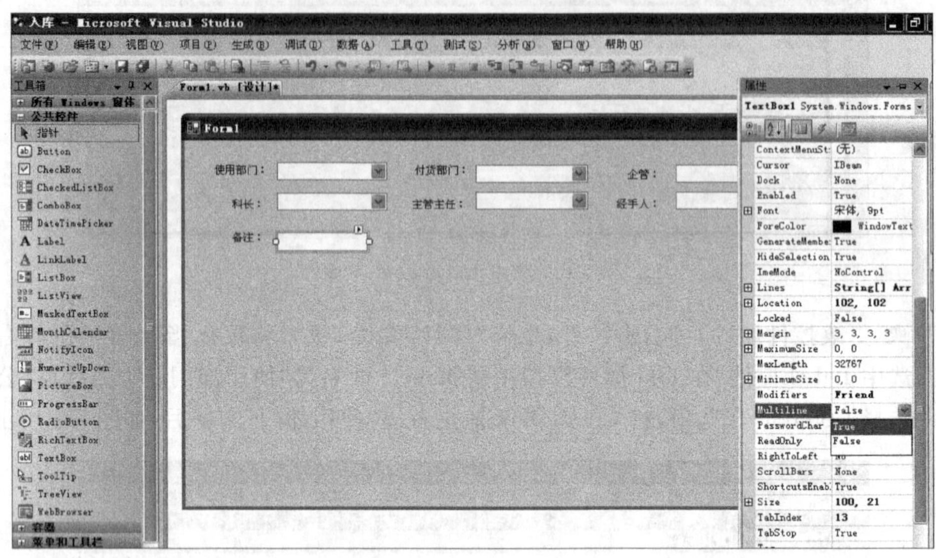

图 5-11　TextBox 控件设计

(10) 调整 TextBox 控件大小。在“数据”栏中选择 DataGridView 控件,如图 5-12 所示。

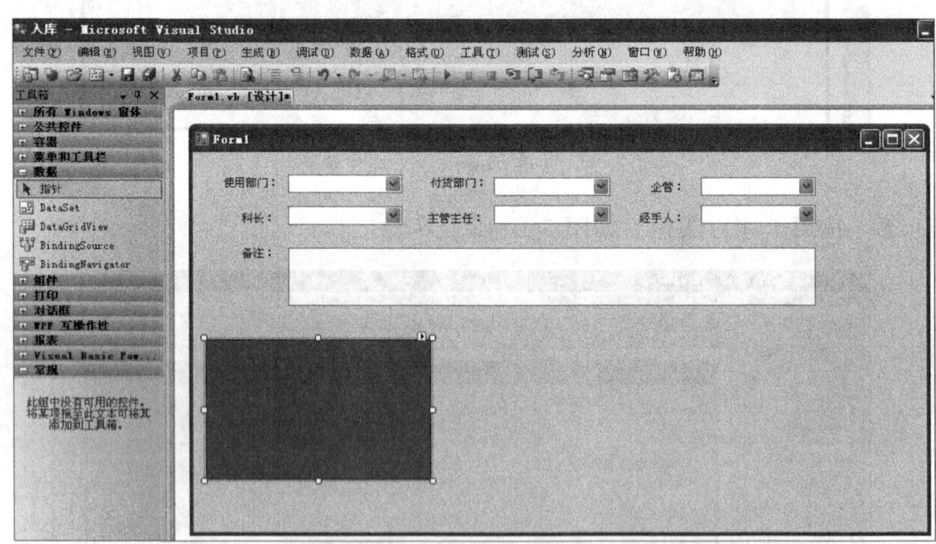

图 5-12　DataGridView 控件选择

(11) 单击选中该控件,在控件的右上方出现小的三角箭头。单击此箭头,出现如图 5-13 所示的数据源设置。为控件添加列并为列重新命名,如图 5-13 所示。

(12) 将图 5-13 所示“添加列”对话框中的“页眉文本”文本框内容修改为“商品名称”,单击“添加”按钮,继续添加至如图 5-14 所示的界面。

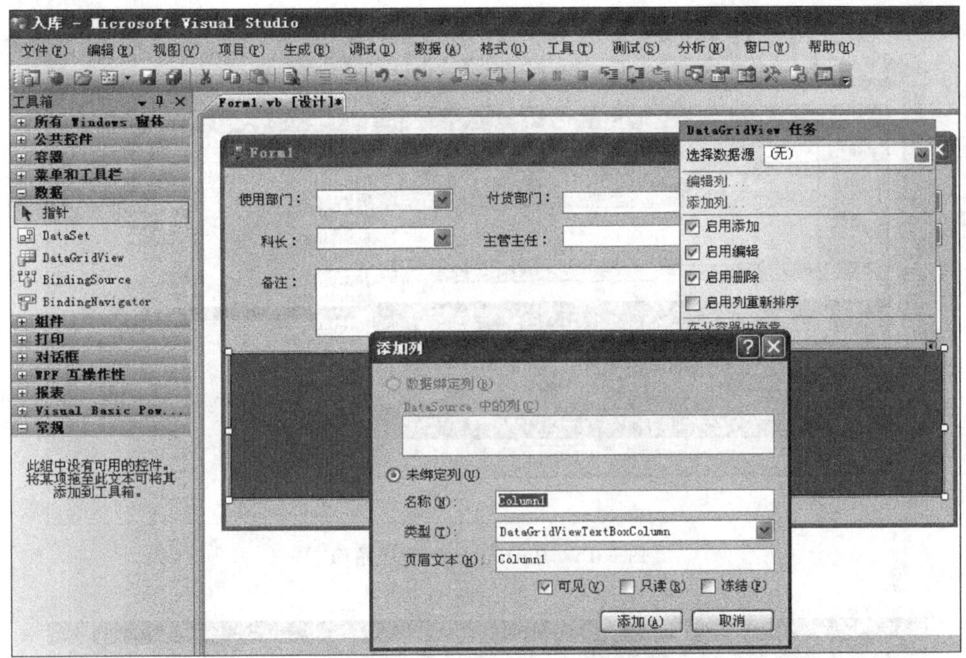

图 5-13　DataGridView 控件设计

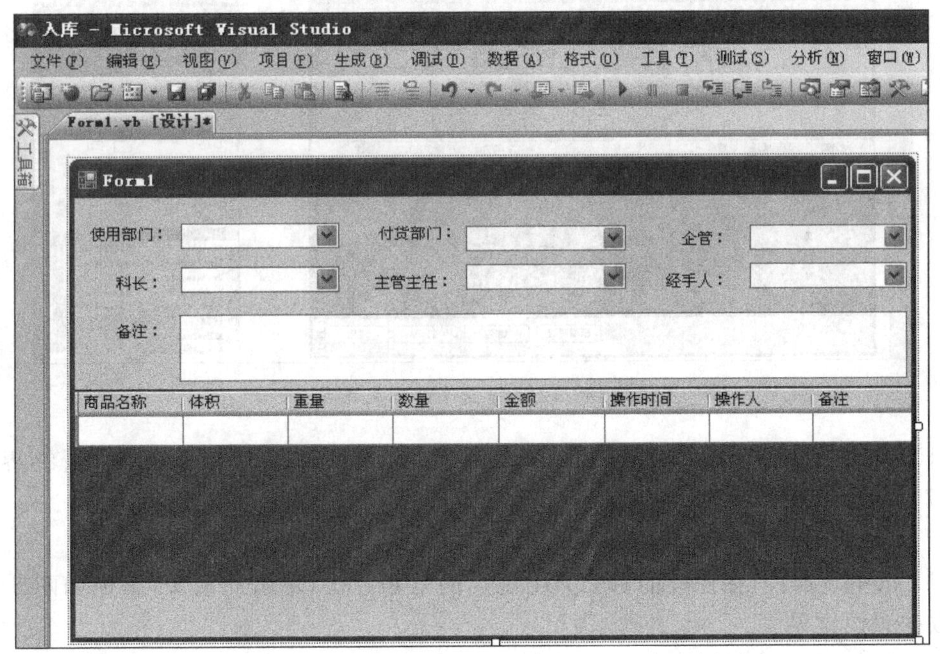

图 5-14　DataGridView 控件设计完成界面

(13) 添加 Button 控件，并更改其 Text 属性，如图 5-15 所示。

(14) 逐一添加该控件并修改其 Text 属性，如图 5-16 所示。

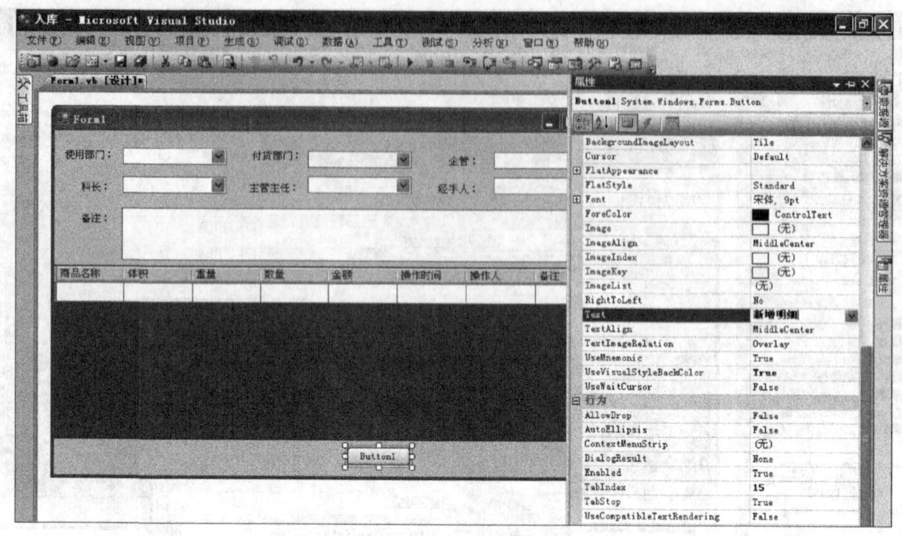

图 5-15　Button 控件设计界面

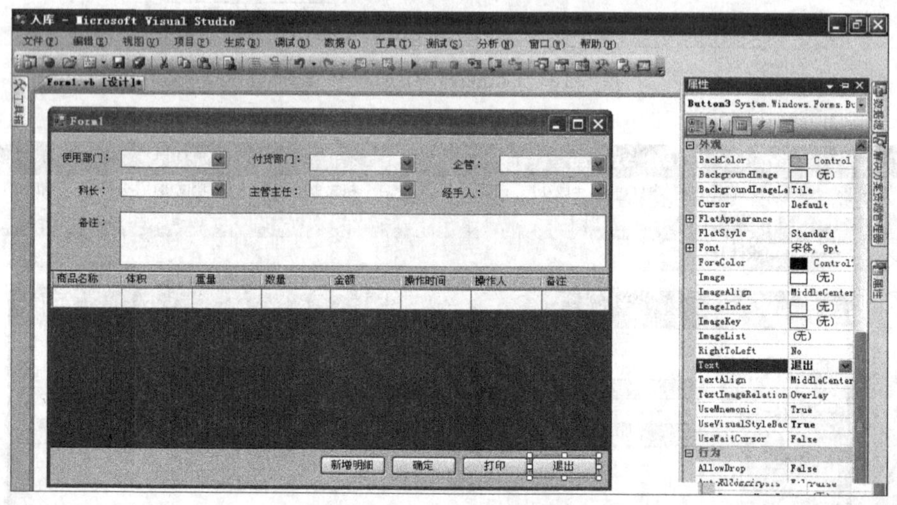

图 5-16　Button 控件设计完成界面

(15) 选中 Form1 窗体，修改其 Text 属性为“入库”，经过格式调整，最终界面如图 5-17 所示。

2. 数据源的设置

(1) 选中该控件，在控件的右上方出现小的三角箭头，单击此箭头，出现如图 5-18 所示的数据源设置界面。

(2) 单击“下一步”按钮，将出如图 5-19 所示对话框。

(3) 单击“新建连接”按钮，将弹出如图 5-20 所示对话框。

(4) 单击“更改”按钮，如图 5-21 所示选择数据源。

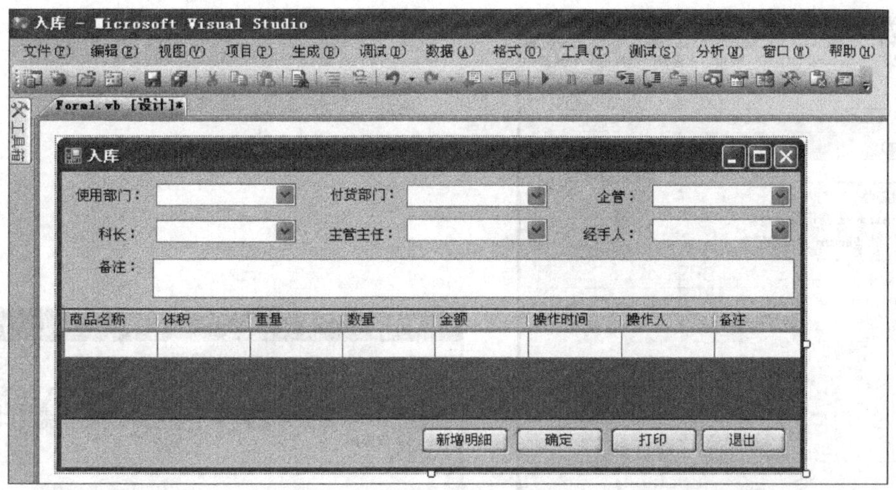

图 5-17 Form1 窗体设计界面

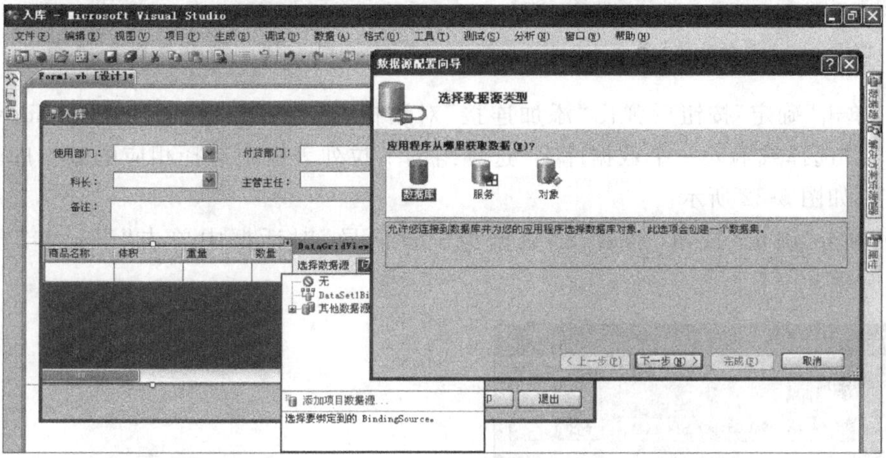

图 5-18 数据源设置界面

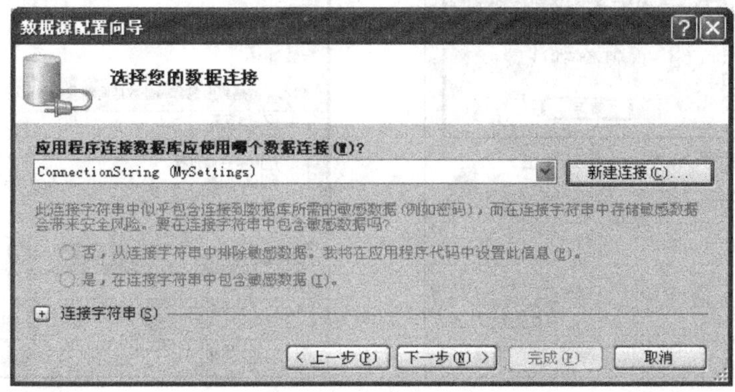

图 5-19 “数据源配置向导”对话框

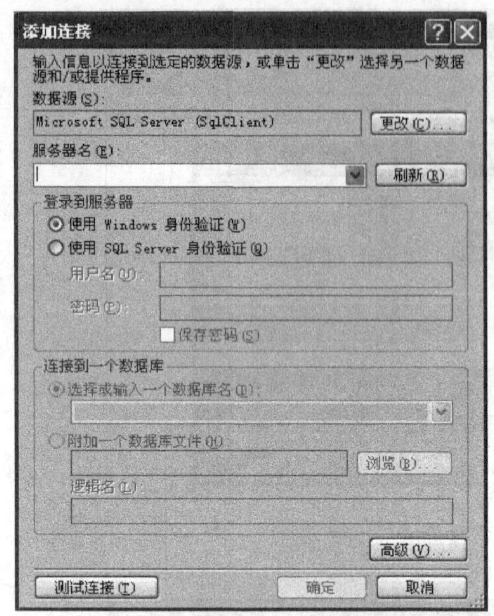

图 5-20 “添加连接”界面

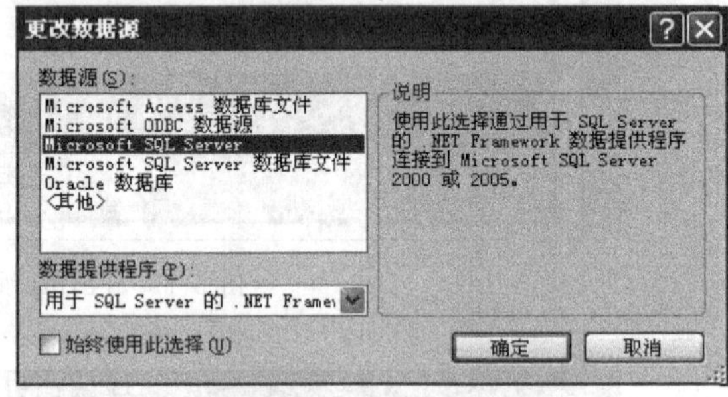

图 5-21 “更改数据源”界面

(5) 单击“确定”按钮后弹出“添加连接”对话框，选择服务器名，使用 Windows 身份验证，并在“选择或输入一个数据库名”选项组的下拉列表框中选择相应的数据库名，最后测试连接，如图 5-22 所示。

(6) 单击“确定”按钮，然后在“数据源配置向导”对话框中单击“下一步”按钮，如图 5-23 所示。

图 5-22 测试数据源连接成功界面

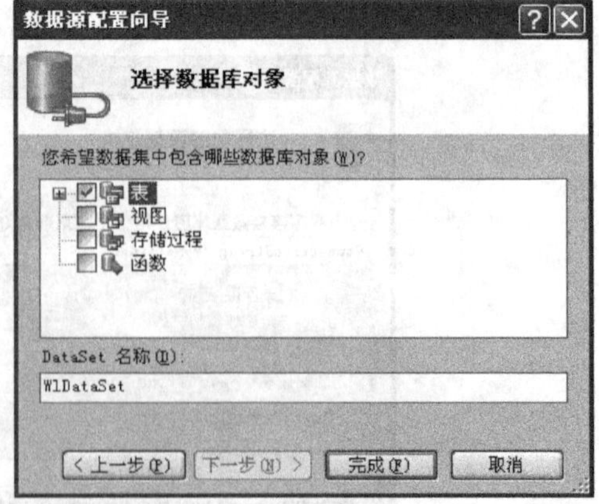

图 5-23 数据源配置成功界面

选中“表”选项，单击“完成”按钮即可完成对数据源的设置。

任务 5.2 仓储管理系统程序设计与实现

❖任务分析

本任务通过对一个仓储管理系统实例进行分析与设计的基础上，给出了系统功能实现的具体步骤，并列出了具体的程序。

❖工作步骤

程序设计是根据系统的特定问题给出程序的过程，包括设计、编制、调试程序的方法和过程。程序设计通常以某种程序设计语言为工具，包括分析、设计、编码、测试、排错等不同阶段。

程序设计的方法主要包括 Jackson 程序设计方法、Warnier 程序设计方法、速成原型法的程序设计方法、面向对象的程序设计方法，这里只介绍面向对象的程序设计方法。面向对象的程序设计方法的基本思想是将要开发的系统表示为对象集，其中每个对象是将一组数据和使用它的一组基本操作或过程封装在一起而组成的实体，对象之间的联系主要是通过消息的传递来实现的。

步骤一 登录界面的实现

创建一个 ASP. NET 页面 User_login. aspx，并在其中创建两个文本框，用于输入登录账号和密码。详细代码如下：

```
'创建表单 form,所有 ASP.NET 的控件都应放在表单中。
<form id="Form1" method="post" runat="server">
<table cellSpacing="0" borderColorDark="#ffffff">
<tr>
<td>用户名称：</td>
<td>
'创建一个文本框 username,用于输入账号。
<asp: textbox id="username" runat="server" BorderStyle="Groove"></asp:
textbox></td>
</tr>
<tr>
<td>登录密码：</td>
<td>
'创建一个文本框 password,用于输入密码,TextMode 为"Password"表示输入字符以"*"显示,
 此文本框为密码输入模式。
<asp: textbox id="password" runat="server" TextMode="Password" BorderStyle=
"Groove">
</asp: textbox></td>
</tr>
<tr>
```

```
<td align="center" colSpan="2">
'创建"登录"按钮,代码如下:
<asp: button id="Button1" runat="server" Text="登   录">
</asp: button></td>
</tr>
</table>
'创建一个标签 Label1,用于提示登录错误信息。
<asp: label id="Label1" style="Z-INDEX: 101; LEFT: 328px; POSITION: absolute;
TOP: 184px" runat="server">
</asp: label>
</form>
```

当用户单击“登录”按钮时,调用 User_login. aspx. vb 文件中的代码,进行用户名和密码校验。如果正确,进入 StockMain. aspx 页面;如果错误,显示“登录错误,请重新输入!”。详细代码如下:

```
Imports System.Data.SqlClient
Public Class User_login
    Inherits System.Web.UI.Page
#Region " Web 窗体设计器生成的代码 "
    '该调用是 Web 窗体设计器所必需的。
    <System.Diagnostics.DebuggerStepThrough()> Private Sub InitializeComponent()
    End Sub
    Protected WithEvents Button1 As System.Web.UI.WebControls.Button
    Protected WithEvents username As System.Web.UI.WebControls.TextBox
    Protected WithEvents password As System.Web.UI.WebControls.TextBox
    Protected WithEvents Label1 As System.Web.UI.WebControls.Label
    '注意:以下占位符声明是 Web 窗体设计器所必需的。
    '不要删除或移动它。
    Private designerPlaceholderDeclaration As System.Object
    Private Sub Page_Init(ByVal sender As System.Object, ByVal e As System.
    EventArgs) Handles MyBase.Init
        'CODEGEN: 此方法调用是 Web 窗体设计器所必需的。
        '不要使用代码编辑器修改它。
        InitializeComponent()
    End Sub
#End Region
    Private Sub Page_Load(ByVal sender As System.Object, ByVal e As System.
    EventArgs) Handles MyBase.Load
        '在此处放置初始化页的用户代码。
    End Sub
    Private Sub Button1_Click(ByVal sender As System.Object, ByVal e As System.
    EventArgs) Handles Button1.Click
        '如果有可用的连接,SqlConnection 从连接池中提取一个打开的连接。否则,它将建
        立一个与 SQL Server 实例的新连接。
        Dim Conn As New SqlConnection
        '定义 SqlCommand 对象 Cmd
        Dim Cmd As New SqlCommand
        '声明三个字符串变量 Sql,UserName,PassWord
```

```
        Dim Sql As String
        Dim UserName As String
        Dim PassWord As String
        '将文本框 username 的值赋给变量 UserName，将文本框 password 的值赋给变量
         PassWord。
        UserName =Me.username.Text.Trim().ToString()
        PassWord =Me.password.Text.Trim().ToString()
        '定义一条 SQL 查询语句,从 usrmst 表中查询符合条件的用户名和密码。
        Sql ="select * from usrmst where usr_username='" & UserName & "' and usr_
        password='" & PassWord & "'"
        Dim DSN =Application("DSN")
        'SqlConnection 对象 Conn 建立数据库连接。
        Conn.ConnectionString =DSN
        '打开数据库。
        Conn.Open()
        Cmd.Connection =Conn
        Cmd.CommandText =Sql
        Dim myDataAdapter As New SqlDataAdapter(Cmd)
        Dim myDS As New DataSet
        Try
            myDataAdapter.Fill(myDS)
         '如果找到符合条件的用户名和密码,则通过 Response.Redirect("StockMain.
          aspx")语句,跳转到 StockMain.aspx 页面,登录成功。
            If myDS.Tables(0).Rows.Count >0 Then
                Session("UserName") =myDS.Tables(0).Rows.Item(0)("usr_username")
                Response.Redirect("StockMain.aspx")
            Else
        '否则登录失败,通过标签 Label1 显示"登录错误,请重新输入!"。
                Me.Label1.Text ="登录错误,请重新输入!"
            End If
        Catch ex As Exception
            Throw (ex)
        Finally
            '关闭数据库对象。
            Conn.Close()
            Cmd.Dispose()
            Conn.Dispose()
        End Try
    End Sub
End Class
```

步骤二　商品信息添加功能的实现

添加商品信息的页面文件为 Goods_Add. aspx. vb,详细代码如下：

```
Imports System.Data.SqlClient
Public Class Goods_Add
    Inherits System.Web.UI.Page
```

```
#Region " Web 窗体设计器生成的代码 "
    '该调用是 Web 窗体设计器所必需的。
    <System.Diagnostics.DebuggerStepThrough()>Private Sub InitializeComponent()
    End Sub
    Protected WithEvents Button1 As System.Web.UI.WebControls.Button
    Protected WithEvents txtGoodsID As System.Web.UI.WebControls.TextBox
    Protected WithEvents txtGoodsName As System.Web.UI.WebControls.TextBox
    Protected WithEvents lstGoodsDept As System.Web.UI.
    WebControls.DropDownList
    Protected WithEvents txtGoodsInPrice As System.Web.UI.WebControls.TextBox
    Protected WithEvents txtGoodsPrice As System.Web.UI.WebControls.TextBox
    Protected WithEvents lstGoodsComp As System.Web.UI.
    WebControls.DropDownList
    Protected WithEvents txtGoodsNum As System.Web.UI.WebControls.TextBox
    Protected WithEvents Label1 As System.Web.UI.WebControls.Label
    '注意：以下占位符声明是 Web 窗体设计器所必需的。
    '不要删除或移动它。
    Private designerPlaceholderDeclaration As System.Object
    Private Sub Page_Init(ByVal sender As System.Object, ByVal e As System.
    EventArgs) Handles MyBase.Init
        'CODEGEN：此方法调用是 Web 窗体设计器所必需的。
        '不要使用代码编辑器修改它。
        InitializeComponent()
    End Sub
#End Region
    Private Sub Page_Load(ByVal sender As System.Object, ByVal e As System.
    EventArgs) Handles MyBase.Load
        '在此处放置初始化页的用户代码。
        If Session("UserName") ="" Then
            Response.Redirect("User_login.aspx")
        End If
        If Not IsPostBack Then
            Call DeptView()
            Call CompView()
        End If
    End Sub
    Private Sub DeptView()
        Dim Conn As New SqlConnection
        Dim Cmd As New SqlCommand
        Dim DSN =Application("DSN")
        Conn.ConnectionString =DSN
        Conn.Open()
        Cmd.Connection =Conn
        Cmd.CommandText ="Select dep_id,dep_name from  department order by id asc"
        Dim myDataAdapter As New SqlDataAdapter(Cmd)
        Dim myDS As New DataSet
        Try
            myDataAdapter.Fill(myDS)
        Catch ex As Exception
```

```
            Throw (ex)
        Finally
            Conn.Close()
            Cmd.Dispose()
            Conn.Dispose()
        End Try
        Me.lstGoodsDept.DataSource =myDS
        Me.lstGoodsDept.DataTextField ="dep_name"
        Me.lstGoodsDept.DataValueField ="dep_id"
        Me.lstGoodsDept.DataBind()
    End Sub
    Private Sub CompView()
        Dim Conn As New SqlConnection
        Dim Cmd As New SqlCommand
        Dim DSN =Application("DSN")
        Conn.ConnectionString =DSN
        Conn.Open()
        Cmd.Connection =Conn
        Cmd.CommandText ="select mer_id,mer_name from  dbo.merchant order by
        mer_id asc"
        Dim myDataAdapter As New SqlDataAdapter(Cmd)
        Dim myDS As New DataSet
        Try
            myDataAdapter.Fill(myDS)
        Catch ex As Exception
            Throw (ex)
        Finally
            Conn.Close()
            Cmd.Dispose()
            Conn.Dispose()
        End Try
        Me.lstGoodsComp.DataSource =myDS
        Me.lstGoodsComp.DataTextField ="mer_name"
        Me.lstGoodsComp.DataValueField ="mer_id"
        Me.lstGoodsComp.DataBind()
    End Sub
    Private Sub Button1_Click(ByVal sender As System.Object, ByVal e As System.
    EventArgs) Handles Button1.Click
        Dim strGoodsID, strGoodsName, strGoodsDeptID, strGoodsInPrice,
        strGoodsPrice, strGoodsCompID, strGoodsComp, strGoodsNum As String
        Dim Sql As String
        strGoodsID =Me.txtGoodsID.Text.ToString()
        strGoodsName =Me.txtGoodsName.Text.ToString()
        strGoodsDeptID =Me.lstGoodsDept.SelectedValue.ToString()
        strGoodsInPrice =Me.txtGoodsInPrice.Text.ToString()
        strGoodsPrice =Me.txtGoodsPrice.Text.ToString()
        strGoodsCompID =Me.lstGoodsComp.SelectedValue.ToString()
        strGoodsComp =Me.lstGoodsComp.SelectedItem.Text.ToString()
        strGoodsNum =Me.txtGoodsNum.Text.ToString()
```

```
            Dim Conn As New SqlConnection
            Dim Cmd As New SqlCommand
            Dim DSN =Application("DSN")
            Conn.ConnectionString =DSN
            Conn.Open()
            Sql ="insert into PLUs(plu_id,plu_name,plu_depid,plu_unitprice,plu_
            price,plu_merid,plu_merchant,plu_number,plu_date) values "
            Sql =Sql & "(" & strGoodsID &",'"& strGoodsName &"',"& strGoodsDeptID &",
            " & strGoodsInPrice & "," & strGoodsPrice & "," & strGoodsCompID & ",'" &
            strGoodsComp & "','" & strGoodsNum & "','" & Now & "')"
            Cmd.Connection =Conn
            Cmd.CommandText =Sql
            'Dim myDataAdapter As New SqlDataAdapter(Cmd)
            'Dim myDS As New DataSet
            Try
                Cmd.ExecuteNonQuery()
                Me.Label1.Text ="商品：" & strGoodsName & "[" & strGoodsID & "]添加
                成功!"
            Catch ex As Exception
                Throw (ex)
            Finally
                Conn.Close()
                Cmd.Dispose()
                Conn.Dispose()
            End Try
        End Sub
End Class
```

步骤三　商品信息查询功能的实现

创建 ASP.NET 页面 Goods_Search.aspx,并在其中创建 2 个文本框、2 个下拉组合框、1 个 DataGrid 控件和 1 个按钮。详细代码如下：

```
<table cellSpacing="0" borderColorDark="#ffffff"  border="1" width="100%">
<tr>
<td width="100%" colspan="4" align="center">商品信息查询</td>
</tr><tr>
<td width="25%">商品编号：</td>
<td width="25%">
<asp: TextBox id="txtGoodsID" runat="server" BorderStyle="Groove"></asp:
TextBox></td>
<td width="25%"><FONT face="宋体">商品名称：</FONT>
</td>
<td width="25%">
<asp: TextBox id="txtGoodsName" runat="server" BorderStyle="Groove"></asp:
TextBox></td>
</tr><tr>
<td width="25%"><FONT face="宋体">所属部门：</FONT></td>
<td width="25%">
```

```
<asp:DropDownList id="lstGoodsDept" runat="server"></asp:DropDownList></td>
<td width="25%"><FONT face="宋体">所属厂商:</FONT>
</td>
<td width="25%">
<asp:DropDownList id="lstGoodsComp" runat="server"></asp:DropDownList></td>
</tr><tr>
<td width="100%" colspan="4" align="center">
<asp:Button id="Button1" runat="server" Text="提  交"></asp:Button></td>
</tr><tr>
<td width="100%" colspan="4" align="center">
<asp:DataGrid id="DataGrid1" runat="server" BorderColor="#999999" BorderStyle
="None" BorderWidth="1px" BackColor="White" CellPadding="3" GridLines=
"Vertical" AutoGenerateColumns="False" Width="736px">
<SelectedItemStyle Font-Bold="True" ForeColor="White" BackColor="#008A8C">
</SelectedItemStyle>
<AlternatingItemStyle BackColor="#DCDCDC"></AlternatingItemStyle>
<ItemStyle ForeColor="Black" BackColor="#EEEEEE"></ItemStyle>
<HeaderStyle Font-Bold="True" ForeColor="White" BackColor="#000084"></Header-
Style>
<FooterStyle ForeColor="Black" BackColor="#CCCCCC"></FooterStyle>
<Columns>
<asp:BoundColumn DataField="ID" HeaderText="ID"></asp:BoundColumn>
<asp:BoundColumn DataField="plu_id" HeaderText="商品编号"></asp:BoundColumn>
<asp:BoundColumn DataField="plu_name" HeaderText="商品名称"></asp:
BoundColumn>
<asp:BoundColumn DataField="plu_depid" HeaderText="部门编号"></asp:
BoundColumn>
<asp:BoundColumn DataField="plu_unitprice" HeaderText="商品进价"></asp:
BoundColumn>
<asp:BoundColumn DataField="plu_price" HeaderText="商品零售价"></asp:
BoundColumn>
<asp:BoundColumn DataField="plu_merchant" HeaderText="供货厂商"></asp:
BoundColumn>
<asp:BoundColumn DataField="plu_number" HeaderText="商品条形码"></asp:
BoundColumn>
<asp:BoundColumn DataField="plu_date" HeaderText="创建日期"></asp:
BoundColumn>
</Columns>
<PagerStyle HorizontalAlign="Center" ForeColor="Black" BackColor="#999999"
Mode="NumericPages"></PagerStyle>
</asp:DataGrid>
</td>
</tr>
</table>
```

当用户单击“提交”按钮时，调用 Goods_Search.aspx.vb 文件中的代码，完成商品信息的查询。详细代码如下：

```
Imports System.Data.SqlClient
Public Class Goods_Search
```

```
    Inherits System.Web.UI.Page
#Region "Web 窗体设计器生成的代码"
    '该调用是 Web 窗体设计器所必需的。
    <System.Diagnostics.DebuggerStepThrough()>Private Sub InitializeComponent()
    End Sub
    Protected WithEvents Button1 As System.Web.UI.WebControls.Button
    Protected WithEvents lstGoodsDept As System.Web.UI.
    WebControls.DropDownList
    Protected WithEvents lstGoodsComp As System.Web.UI.
    WebControls.DropDownList
    Protected WithEvents DataGrid1 As System.Web.UI.WebControls.DataGrid
    Protected WithEvents txtGoodsID As System.Web.UI.WebControls.TextBox
    Protected WithEvents txtGoodsName As System.Web.UI.WebControls.TextBox
    '注意:以下占位符声明是 Web 窗体设计器所必需的。
    '不要删除或移动它。
    Private designerPlaceholderDeclaration As System.Object
    Private Sub Page_Init(ByVal sender As System.Object, ByVal e As System.
    EventArgs) Handles MyBase.Init
        'CODEGEN:此方法调用是 Web 窗体设计器所必需的。
        '不要使用代码编辑器修改它。
        InitializeComponent()
    End Sub
#End Region
    Private Sub Page_Load(ByVal sender As System.Object, ByVal e As System.
    EventArgs) Handles MyBase.Load
        '在此处放置初始化页的用户代码。
        If Session("UserName") ="" Then
            Response.Redirect("User_login.aspx")
        End If
        If Not IsPostBack Then
            Call DeptView()
            Call CompView()
        End If
    End Sub
    Private Sub DeptView()
        Dim Conn As New SqlConnection
        Dim Cmd As New SqlCommand
        Dim DSN =Application("DSN")
        Conn.ConnectionString =DSN
        Conn.Open()
        Cmd.Connection =Conn
        Cmd.CommandText ="Select dep_id,dep_name from  department order by id asc"
        Dim myDataAdapter As New SqlDataAdapter(Cmd)
        Dim myDS As New DataSet
        Try
            myDataAdapter.Fill(myDS)
        Catch ex As Exception
            Throw (ex)
        Finally
```

```
            Conn.Close()
            Cmd.Dispose()
            Conn.Dispose()
        End Try
        Me.lstGoodsDept.DataSource =myDS
        Me.lstGoodsDept.DataTextField ="dep_name"
        Me.lstGoodsDept.DataValueField ="dep_id"
        Me.lstGoodsDept.DataBind()
        Me.lstGoodsDept.Items.Add("All")
        Me.lstGoodsDept.SelectedIndex =myDS.Tables(0).Rows.Count
    End Sub
    Private Sub CompView()
        Dim Conn As New SqlConnection
        Dim Cmd As New SqlCommand
        Dim DSN =Application("DSN")
        Conn.ConnectionString =DSN
        Conn.Open()
        Cmd.Connection =Conn
        Cmd.CommandText ="select mer_id,mer_name from  dbo.merchant order by
        mer_id asc"
        Dim myDataAdapter As New SqlDataAdapter(Cmd)
        Dim myDS As New DataSet
        Try
            myDataAdapter.Fill(myDS)
        Catch ex As Exception
            Throw (ex)
        Finally
            Conn.Close()
            Cmd.Dispose()
            Conn.Dispose()
        End Try
        Me.lstGoodsComp.DataSource =myDS
        Me.lstGoodsComp.DataTextField ="mer_name"
        Me.lstGoodsComp.DataValueField ="mer_id"
        Me.lstGoodsComp.DataBind()
        Me.lstGoodsComp.Items.Add("All")
        Me.lstGoodsComp.SelectedIndex =myDS.Tables(0).Rows.Count
    End Sub
    Private Sub Button1_Click(ByVal sender As System.Object, ByVal e As System.
    EventArgs) Handles Button1.Click
        Dim Conn As New SqlConnection
        Dim Cmd As New SqlCommand
        Dim Sql As String
        Sql ="select * from  PLUs where 1=1"
        If Me.txtGoodsID.Text.ToString().Trim() <>"" Then
            Sql =Sql & " and plu_id ='" & Me.txtGoodsID.Text.ToString().Trim() & "'"
        End If
        If Me.txtGoodsName.Text.ToString().Trim() <>"" Then
            Sql =Sql & " and plu_name like '%" & Me.txtGoodsName.Text.ToString().
```

```
            Trim() & "%'"
        End If
        If Me.lstGoodsDept.SelectedValue.ToString() <>"All" Then
            Sql =Sql & " and plu_depid ='" & Me.lstGoodsDept.SelectedValue.
            ToString() & "'"
        End If
        If Me.lstGoodsComp.SelectedValue.ToString() <>"All" Then
            Sql =Sql & " and plu_merid ='" & Me.lstGoodsComp.SelectedValue.
            ToString() & "'"
        End If
        Dim DSN =Application("DSN")
        Conn.ConnectionString =DSN
        Conn.Open()
        Cmd.Connection =Conn
        Cmd.CommandText =Sql
        Dim myDataAdapter As New SqlDataAdapter(Cmd)
        Dim myDS As New DataSet
        Try
            myDataAdapter.Fill(myDS)
        Catch ex As Exception
            Throw (ex)
        Finally
            Conn.Close()
            Cmd.Dispose()
            Conn.Dispose()
        End Try
        Me.DataGrid1.DataSource =myDS
        Me.DataGrid1.DataBind()
    End Sub
End Class
```

任务 5.3　仓储管理系统测试

❖任务分析

系统测试是系统开发过程的重要组成部分,它用来确认整个系统的品质或性能是否符合开发之前所提出的一些要求。本任务以一个仓储管理系统为例,着重讲解系统测试、系统评价和系统维护。

❖工作步骤

步骤一　系统测试

系统测试就是在系统投入运行前,对系统需求分析、设计规格说明和编码进行的最终审核,是系统质量保证的关键步骤。

本书中的物流管理系统主要应用白盒测试方法进行系统测试。系统测试人员使用白盒测试方法，主要对程序模块进行如下检查：程序模块所有独立的执行路径至少测试一次；所有的逻辑判定，取“真”与取“假”两种情况都至少测试一次；在循环的边界和运行界限内执行循环体；测试内部数据结构的有效性等。

白盒测试包括代码检查法、静态结构分析法、静态质量度量法、逻辑覆盖法、基本路径测试法、域测试、符号测试、Z 路径覆盖、程序变异。

这里运用最为广泛的是基本路径测试法。基本路径测试法是在程序控制流图的基础上，通过分析控制构造的环路复杂性，导出基本可执行路径集合，从而设计测试用例的方法。以下为基本路径测试法的步骤。

1. 画出控制流程图

流程图用来描述程序控制结构。可将流程图映射到一个相应的流图(假设流程图的菱形决定框中不包含复合条件)。在流图中，每一个圆称为流图的节点，代表一个或多个语句，一个处理方框序列和一个菱形决策框可被映射为一个节点。流图中的箭头称为边或连接，代表控制流，类似于流程图中的箭头。一条边必须终止于一个节点，即使该节点并不代表任何语句(例如：if...else...then 结构)。由边和节点限定的范围称为区域，计算区域时应包括图外部的范围。

2. 计算圈复杂度

圈复杂度是一种为程序逻辑复杂性提供定量测度的软件度量，该度量用于计算程序基本的独立路径数目，即确保所有语句至少执行一次的测试数量的上界。独立路径必须包含一条在定义之前不曾用到的边。

可通过三种方法计算圈复杂度：流图中区域的数量对应于环型的复杂性；给定流图 G 的圈复杂度 $V(G)$，定义为 $V(G)=E-N+2$，E 是流图中边的数量，N 是流图中节点的数量；给定流图 G 的圈复杂度 $V(G)$，定义为 $V(G)=P+1$，P 是流图 G 中判定节点的数量。

3. 导出测试用例

根据上面的计算方法，可得出四条独立的路径。一条独立路径是指，和其他的独立路径相比，至少引入一个新处理语句或一个新判断的程序通路。$V(G)$值正好等于该程序的独立路径条数。

路径 1：4→14

路径 2：4→6→7→14

路径 3：4→6→8→10→13→4→14

路径 4：4→6→8→11→13→4→14

根据上面的独立路径，设计输入数据，使程序分别执行到上面四条路径。

步骤二　系统评价

系统评价主要是回答系统实施成功与否的问题，是对系统开发的成功和不足之处进行分析评价的过程。它是指在系统开发完成并运行使用一段时间后，对系统的目标和功能的实现情况进行检查，与系统的预期目标对照，然后写出评价报告。系统评价包括系统目标的完成情况、系统运行性能和实用性，以及系统的经济效益几个方面。

系统评价的方法有很多,该实例主要运用德尔斐法进行评价,具体的评价流程如图 5-24 所示。

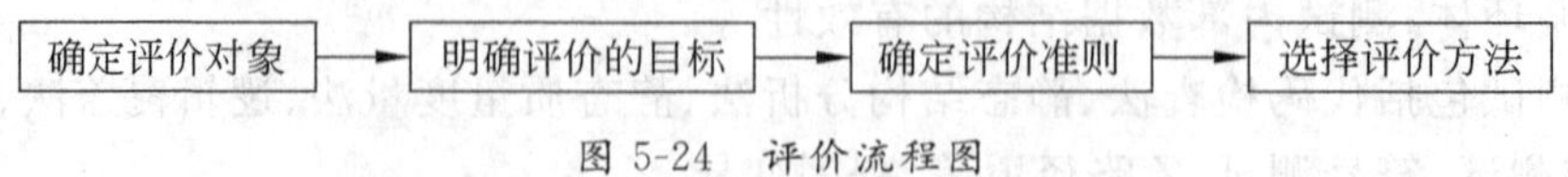

图 5-24　评价流程图

对仓储管理系统的评价主要是从管理、技术、经济效益这三个方面进行的,具体如下。

1. 管理方面

本实例主要考虑仓储管理系统的运行所能给物流企业带来的潜在效益,例如物流管理水平的提高、物流过程的优化、规章制度的进一步完善、人员素质的提高等。通过物流管理系统的使用,企业可以根据商品本身的信息自动生成配送计划,包括车型的选择等,大大提高了物流的速度,为企业对市场的快速反应发挥了应有的作用。

2. 技术方面

技术方面主要是针对仓储管理系统性能的评价,包括系统的总体水平、系统功能与层次、系统质量等。该物流管理系统应用比较先进的 VS.NET 2008 进行程序设计,系统的先进性得到了保障。加上后台数据库 SQL Server 2000 的使用,能及时对数据库中的数据信息进行管理和更新,保证了数据的安全性。

3. 经济效益方面

经济效益首先需要考虑仓储管理系统开发实施给企业带来的成本支出,包括开发成本、设备成本、运行成本等。开发成本主要是系统分析、系统设计、系统实施等方面的相关开支;设备成本包括购买系统支持的设备与软件包,以及机房的设施成本;运行成本主要有维护成本、管理费用等。虽然这三方面的成本不可避免,但该仓储管理系统的应用会给企业带来更大的效益,不仅可以减少企业的库存数量和信息处理的时间,而且可以辅助企业管理人员的决策,改进企业形象,从而提高企业的销售利润。总之,利大于弊,应该在此基础上不断完善该物流管理系统,确保企业与时俱进。

步骤三　系统维护

系统维护的主要目的是保证物流管理信息系统正常可靠地运行,并能通过维护使系统不断得到改善和提高,以充分发挥其在企业中的作用。因此,系统维护的任务就是要有计划、有组织地对系统进行必要的改动,以保证系统中的各个要素随着环境的变化始终处于最新的、正确的工作状态。

1. 系统维护的内容

系统维护是面向系统各个构成要素的,可以根据维护对象的不同将系统的维护内容分为以下几类。

(1) 系统应用程序的维护。系统维护的主要活动是对程序进行维护。系统的业务处理过程是通过应用程序的运行而实现的,一旦程序出错或业务发生变化,就必然要引起程序的修改和调整。

(2) 数据的维护。业务处理对数据的需求是不断变化的,除了系统的主体业务数据需要定期更新外,还有许多数据需要进行不定期的更新或者随业务的变化进行调整,再加上数据信息的增加、数据结构的调整。此外，数据的备份与恢复也都是数据维护的工作内容。

(3) 代码维护。随着系统应用范围的扩大，系统中的各种代码都需要进行一定程度的增加、修改、删除。

(4) 硬件设备维护。硬件维护主要是指对主机及外设的日常维护和管理，这些工作都需要由专人负责定期进行，以保证系统正常有效地工作。

2. 系统维护的类型

系统维护的类型主要包括纠错性维护、适应性维护、完善性维护和预防性维护四类。由于系统测试的不全面性，不可能揭露系统存在的所有错误，从而要不断诊断和修正系统中遗留的错误，这就是纠错性维护。适应性维护是为了使系统适应环境的变化而进行的维护工作。完善性维护就是随着系统的交付使用，为使其更人性化、有效化而作的相关调整。系统的维护工作不能总是被动地等待用户提出要求后才进行，而应该主动地进行预防性维护，目的是通过预防性维护为未来的修改与调整打好基础。

3. 系统维护考虑的因素

系统维护工作不仅范围广，而且影响因素颇多。通常只需考虑以下三个方面的因素。

1) 系统维护背景

(1) 系统的当前情况；

(2) 维护对象；

(3) 维护工作的复杂性与规模。

2) 维护工作的影响

(1) 对当前工作进度的影响；

(2) 对本系统其他部分的影响。

3) 资源要求

(1) 维护的时间要求；

(2) 维护所需费用；

(3) 维护所需人员。

为了保证系统维护工作的质量，还需要大量的管理工作。为顺利进行系统的维护工作，保障维护的质量，首先必须建立相应的组织，确定进行维护工作所应遵守的原则和规范化的过程，并建立一套适用于系统维护过程的文档及管理措施，以及进行复审的标准。结合物流管理系统实例，提出系统维护组织结构流程图，如图 5-25 所示。

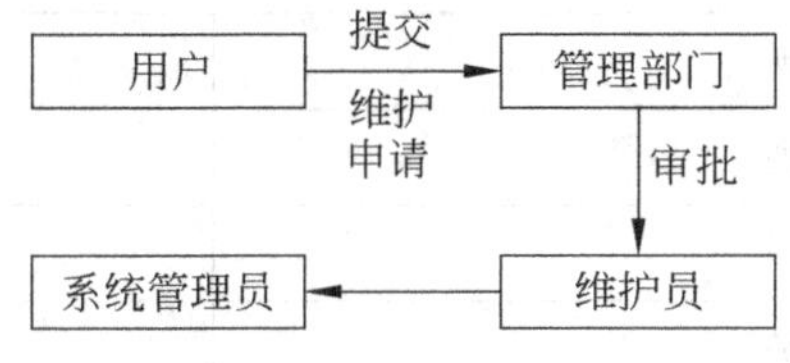

图 5-25　系统维护组织结构流程图

图 5-26 所示为系统维护工作的基本流程。

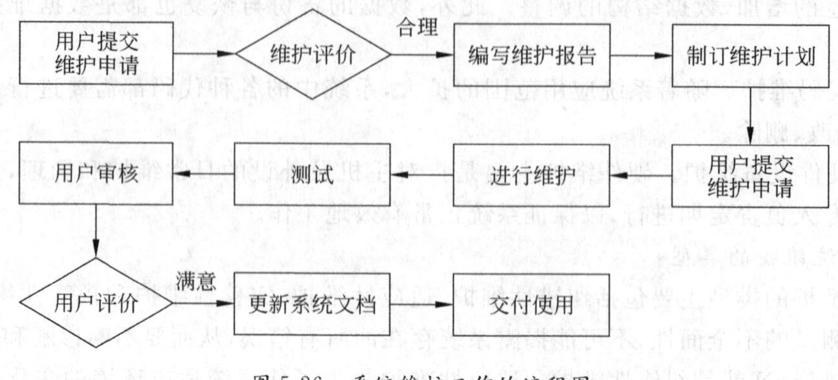

图 5-26 系统维护工作的流程图

▲ 项目小结

系统设计说明书审核通过之后，研制工作进入实施阶段。这一阶段要把物理模型转换为可实际运行的物理系统。一个好的设计方案，只有经过精心实施才能带来实际效益。因此，系统实施阶段的工作对系统的质量有着十分直接的影响。

▲ 思考与练习

一、简答题

1. 系统实施阶段的主要工作是什么？
2. 系统测试的任务、步骤是什么？
3. 为什么要进行系统维护？系统维护的作用是什么？

二、实训题

实训名称	在前几个项目后的“思考与练习”基础上，进行仓储管理系统的实施、测试、管理和维护	
实训日期	年 月 日	
实训目的	通过实施一个仓储管理系统，掌握管理系统实施、测试、管理与维护的主要方法	
实训内容	1. 系统界面的实现	
	2. 系统程序的实现	
	3. 系统的测试	
	4. 系统管理与维护	
	5. 数据库的备份与恢复	
参考资料	相关书籍与网站名称	

附录

Visual Basic .NET 2008 与 SQL Server 2005 相关知识

一、Visual Basic. NET 2008 概述

Visual Basic. NET 2008 是在 VB 6.0 的基础上发展而来的，以下将介绍 Visual Basic. NET 2008 的新增功能。

1. Visual Basic 编译器和语言

Visual Basic. NET 2008 中的语言改进简化了源代码，并可以实现与使用高级功能的组件进行交互。

2. 数据访问

语言集成查询(LINQ)技术提供了重要的编程语言优势。LINQ to SQL 将 LINQ 技术应用到了关系数据库。对象关系设计器(O/R 设计器)可协助开发人员创建和编辑在应用程序和远程数据库之间进行映射的对象(LINQ to SQL 实体)。对类型化数据集的 N 层支持增强了“数据集设计器”功能，因此可以比较轻松地将 TableAdapter 和类型化数据集代码分离到相互独立的项目中。

“数据集设计器”中合并了分层更新的功能。这些增强功能提供了一些已生成的代码，其中包括在数据库中的相关表之间维护引用完整性所需的保存逻辑。

本地数据库缓存将 SQL Server Compact 3.5 数据库合并到应用程序中，并将其配置为定期与服务器上的远程数据库进行数据同步。通过进行本地数据库缓存，应用程序可以减少应用程序与数据库服务器之间的往返行程数。

3. 集成开发环境

增强的 XML 编辑功能：Visual Basic 中的 XML 功能由于 LINQ to XML 的加入已得到极大改进，通过加入 XML 轴属性和 XML 文本进一步增强了 XML 编辑体验。这两种功能允许在 Visual Basic 代码中包含 XML 作为高级数据类型，从而可以更加便捷地创建、转换、修改和查询 XML。

对于新项目类型和. NET Framework 新版本的支持，在 Visual Studio 2008 中，“项目设计器”支持新的 Windows Presentation Foundation(WPF)和 Web Application(WAP)项目类型。其中包括 WinFX Windows 应用程序、WinFX Web 浏览器应用程序、WinFX 自定义控件库和 WinFX 服务库。

4. ClickOnce 部署

ClickOnce 支持对 WPF Web 浏览器应用程序进行部署。WPF Web 浏览器应用程序承载于 Web 浏览器中,因此需要特殊的部署和安全设置。在生成和部署这些应用程序时,Visual Studio 会提供相应的用户界面和默认值。Windows Installer 部署已经更新以支持 Windows Vista 和最新版本的.NET Framework。

5. Visual Studio.NET 2008 的安装

Visual Studio 2008 的安装界面如附图 1 所示。

附图 1

选择"安装 Visual Studio 2008"选项,将出现如附图 2 所示的界面。

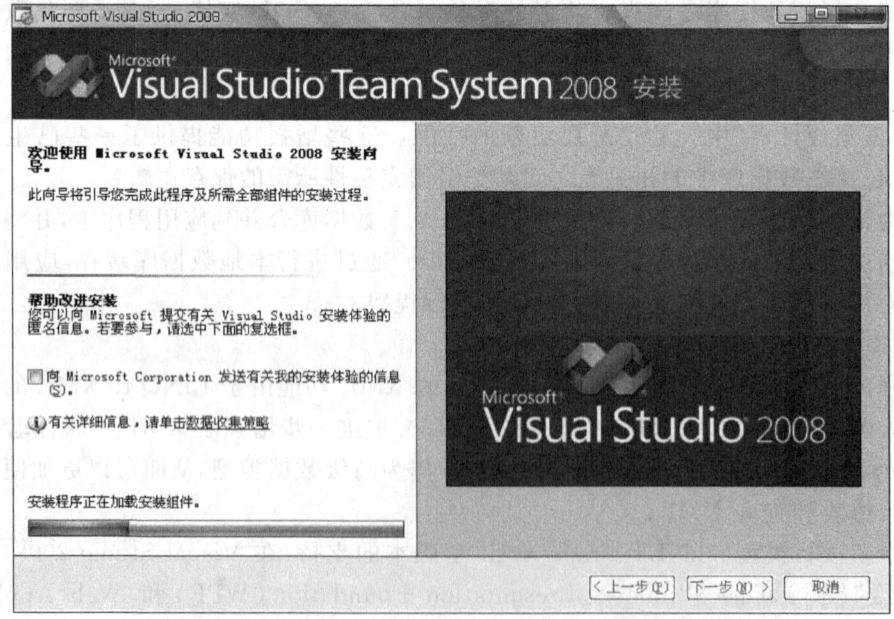

附图 2

待加载安装组件完成后单击“下一步”按钮，即出现如附图 3 所示的安装程序起始页。

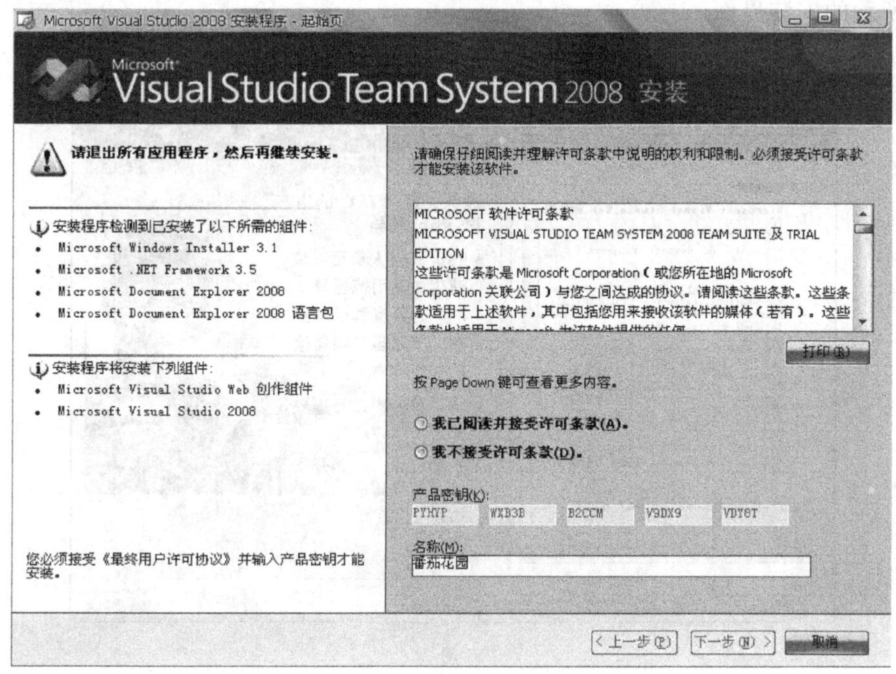

附图 3

选择“我已阅读并接受许可条款”选项，单击“下一步”按钮，出现如附图 4 所示的对话框。

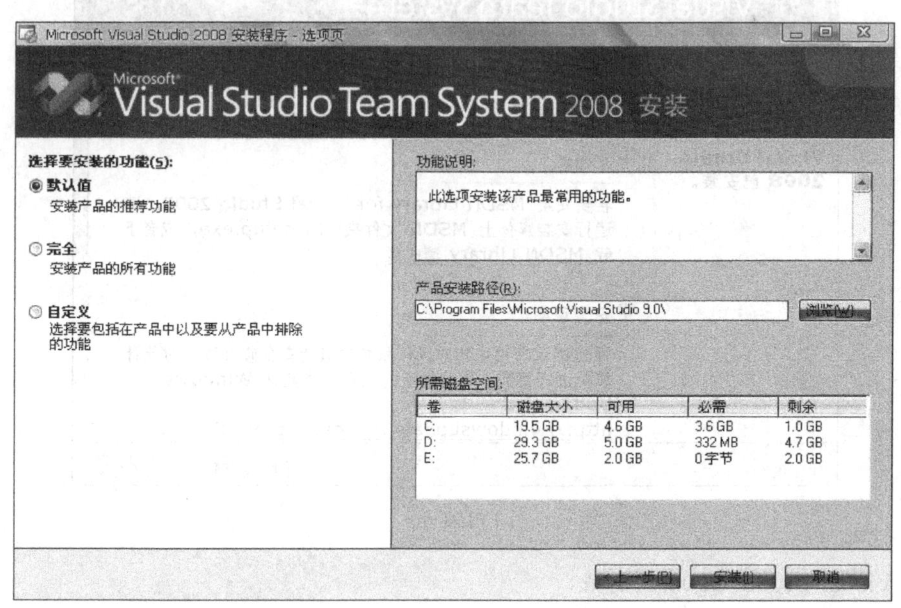

附图 4

根据个人情况选择安装功能以及确认安装路径,然后单击“安装”按钮,则出现如附图 5 所示的安装界面。

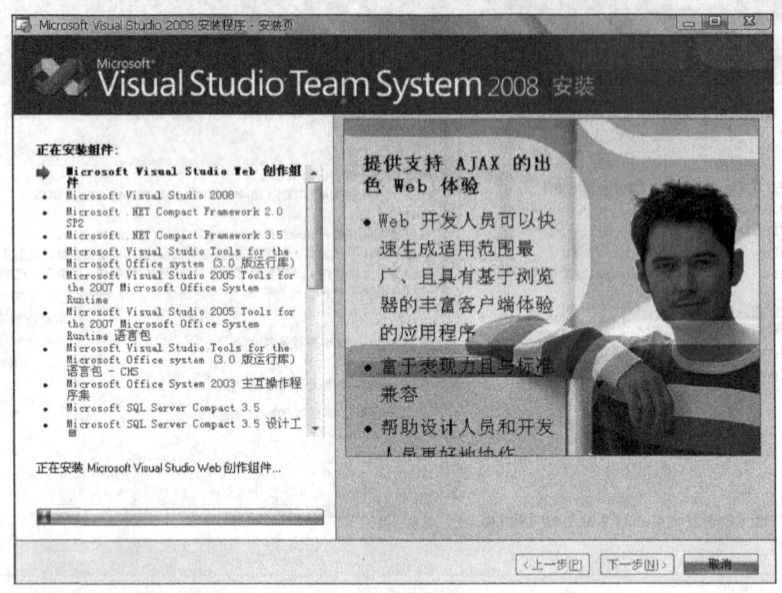

附图 5

单击“完成”按钮即可成功安装 Visual Studio 2008,如附图 6 所示。

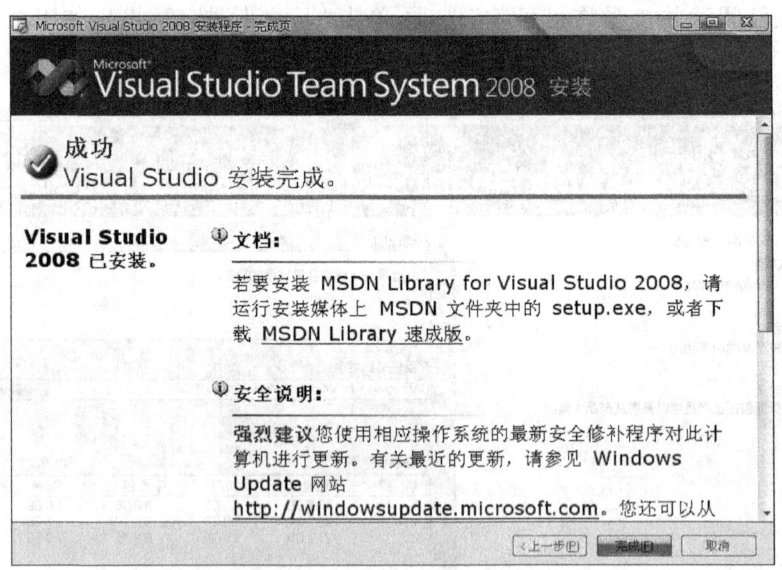

附图 6

6. Visual Studio 2008 的特点

(1) 能更顺畅地处理数据,XML 数据、关系数据和对象数据的访问得到简化,编程语言功能的创新(如 LINQ),本地的数据缓存可以帮助处理偶尔链接的客户端;

（2）实现移动化，使用.NET Compact Framework 3.5 生成 Windows Mobile 应用程序，使开发和测试更加轻松，以及动态显示；

（3）适用于 Windows Vista 和 Windows Server 的最佳工具集，可视化设计器，适用于 Vista 的全新 MFC 和 SDK 支持；

（4）更丰富的 Team Edition 功能；

（5）可以提高团队开发效率；

（6）生成出色的 Microsoft Office System 应用程序；

（7）提供支持 AJAX 的出色的 Web 体验。

7. Visual Studio 2008 的启动

Visual Studio 2008 的启动界面如附图 7 所示。

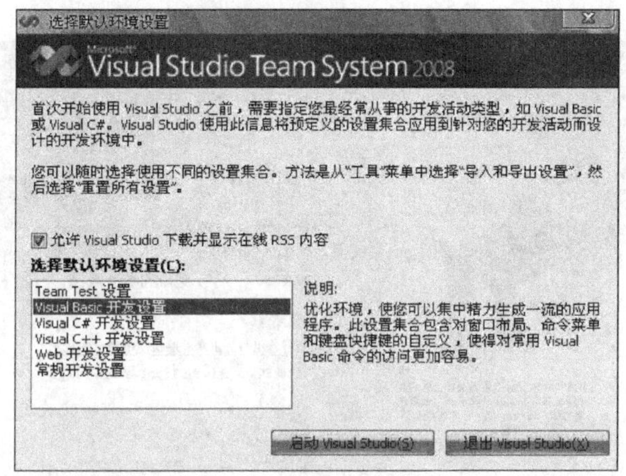

附图 7

运行上面已经安装好的 Visual Studio 2008，将默认环境设置为"Visual Basic 开发设置"，单击"启动 Visual Studio"按钮，等待几分钟即可出现如附图 8 所示的界面，即启动成功。

附图 8

二、SQL Server 2005 的安装

SQL Server 2005 基于 SQL Server 2000 的强大功能之上,提供了一个完整的数据管理和分析的解决方案,它给企业级应用数据和分析程序带来更好的安全性、稳定性和可靠性,使得它们更易于创建、部署和管理,从而可以在很大程度上帮助企业根据数据做出更快、更好的决策,提高开发团队的生产力和灵活度,以及在减少总体 IT 预算的同时,能够扩展 IT 基础架构,以更好地满足多种需求。

SQL Server 2005 的安装步骤如下:

(1) 在附图 9 中,单击"检查硬件和软件要求"链接,可以检查计算机的硬件和软件环境是否符合安装要求。单击"服务器组件、工具、联机丛书和示例"链接,开始安装 SQL Server 2005。

附图 9

(2) 在"最终用户许可协议"界面(见附图 10)下方,单击选中"我接受许可条款和条

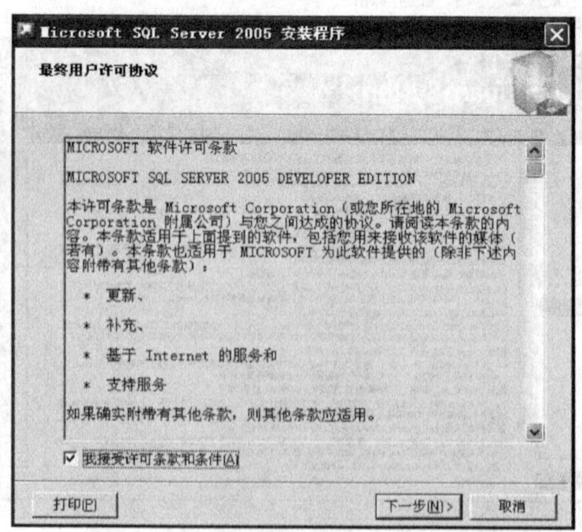

附图 10

件”复选框，然后单击“下一步”按钮。出现“安装必备组件”界面(见附图 11)，耐心等待系统自动安装所必需的组件(见附图 12)。

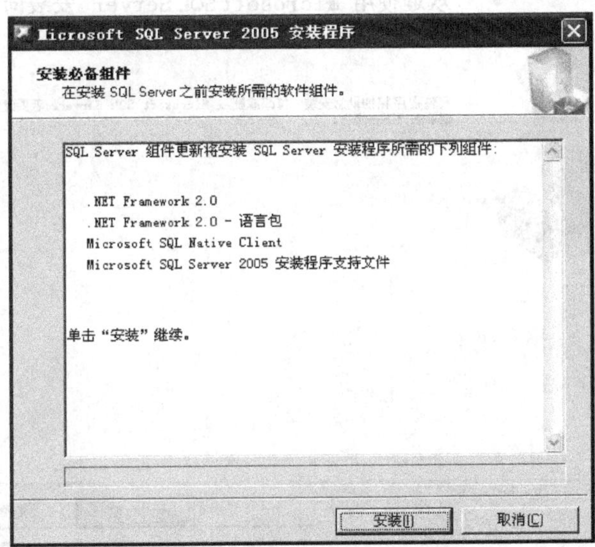

附图 11

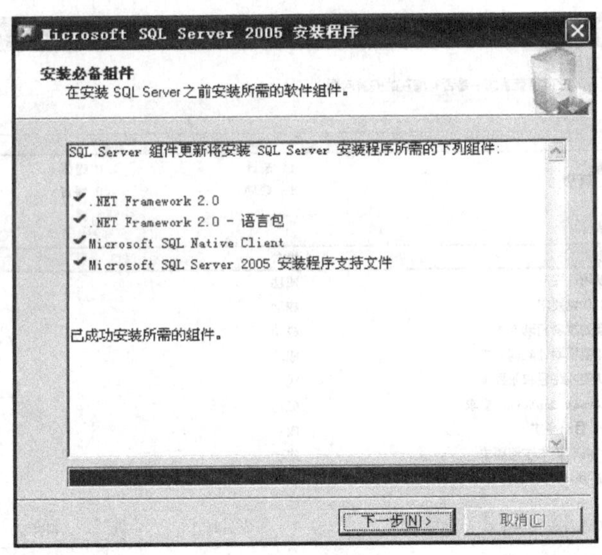

附图 12

(3) 单击“下一步”按钮，进入“欢迎使用 Microsoft SQL Server 安装向导”界面(见附图 13)。

(4) 单击“下一步”按钮，出现“系统配置检查”界面(见附图 14)，将对系统自动进行检查。

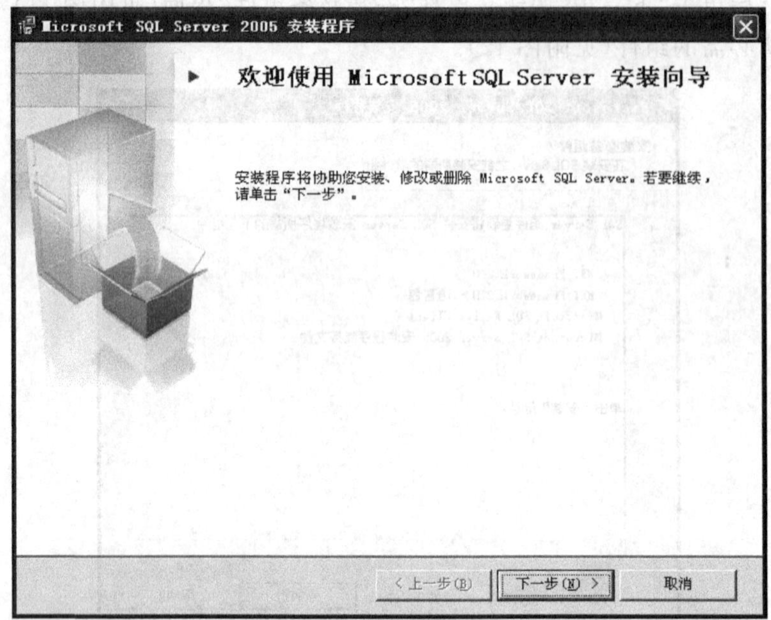

附图 13

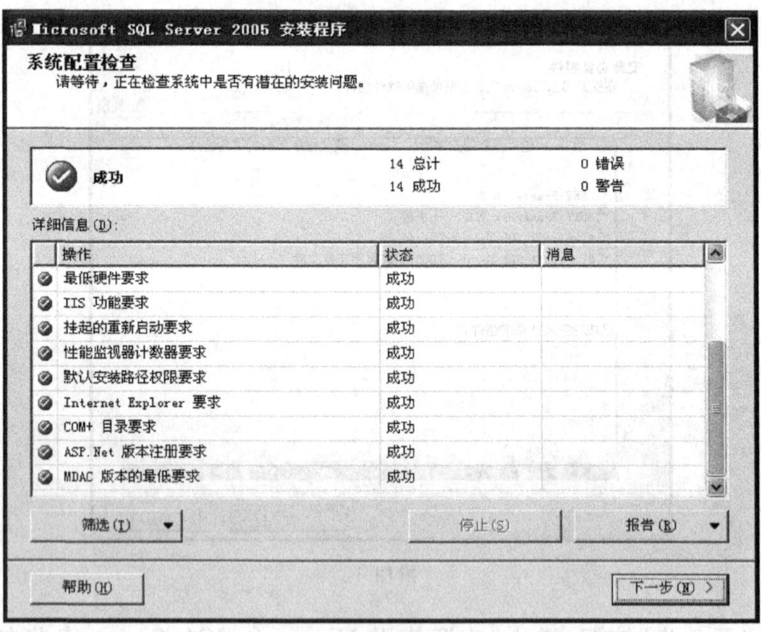

附图 14

(5) 完成系统配置检查后，系统将要求用户输入安装密钥，用以注册，如附图 15 所示。

(6) 在接下来的“要安装的组件”界面中(见附图 16)，用户可自定义选择安装所需要的组件。

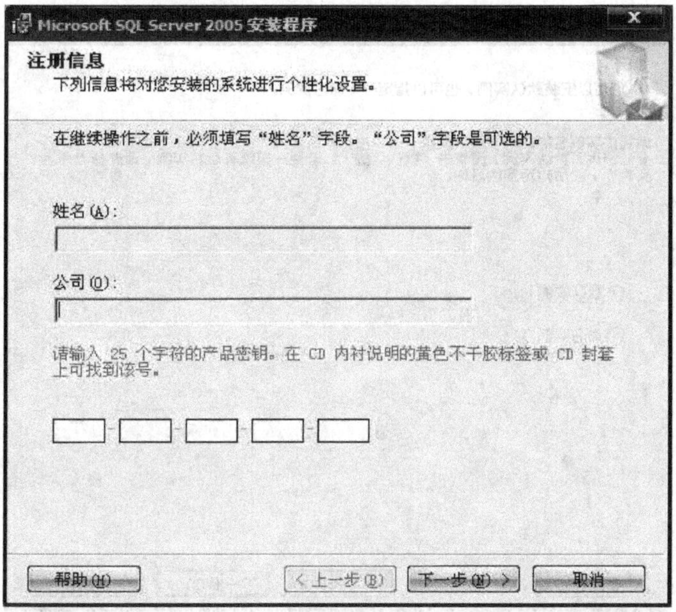

Microsoft SQL Server 2005 安装程序

注册信息

下列信息将对您安装的系统进行个性化设置。

在继续操作之前，必须填写“姓名”字段。“公司”字段是可选的。

姓名(A):

公司(O):

请输入 25 个字符的产品密钥。在 CD 内衬说明的黄色不干胶标签或 CD 封套上可找到该号。

帮助(H)　< 上一步(B)　下一步(N) >　取消

附图 15

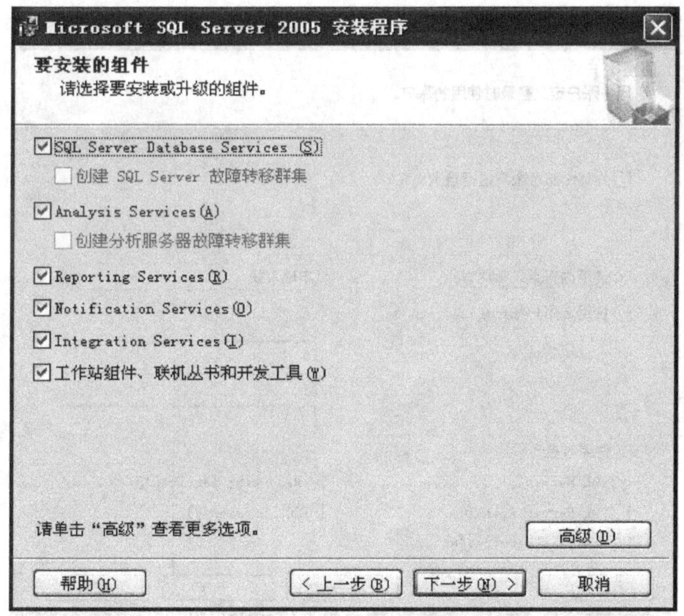

附图 16

(7) 进行“实例”的安装，安装向导将提示是否安装“默认实例”或“命名实例”，如附图 17 所示。

(8) 选中“默认实例”单选按钮，单击“下一步”按钮，出现“服务账户”设置界面(见附图 18)，为 SQL Server 服务账户指定用户名、密码和域名。

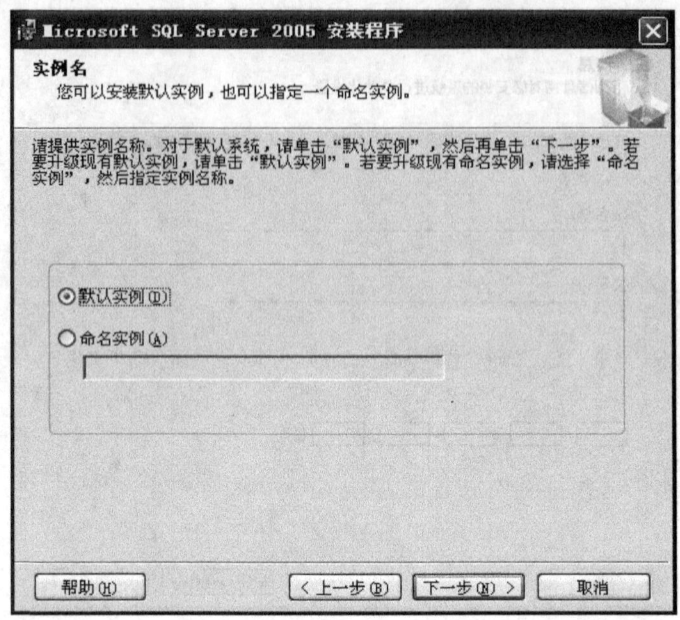

附图 17

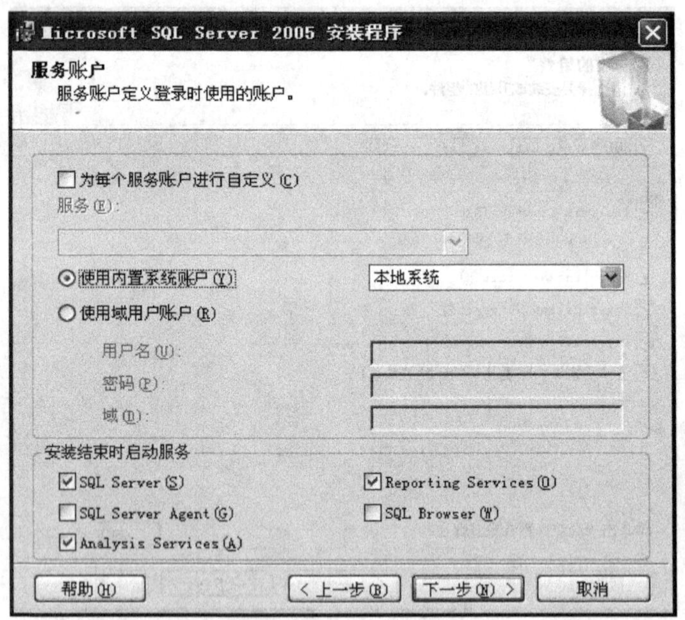

附图 18

(9) 选好"服务账户"后，单击"下一步"按钮，出现"身份验证模式"设置界面(见附图 19)。选择要用于 SQL Server 安装的身份验证模式，还必须输入并确认用于 sa 登录的密码。

(10) 单击"下一步"按钮，出现"排序规则设置"界面，如附图 20 所示。

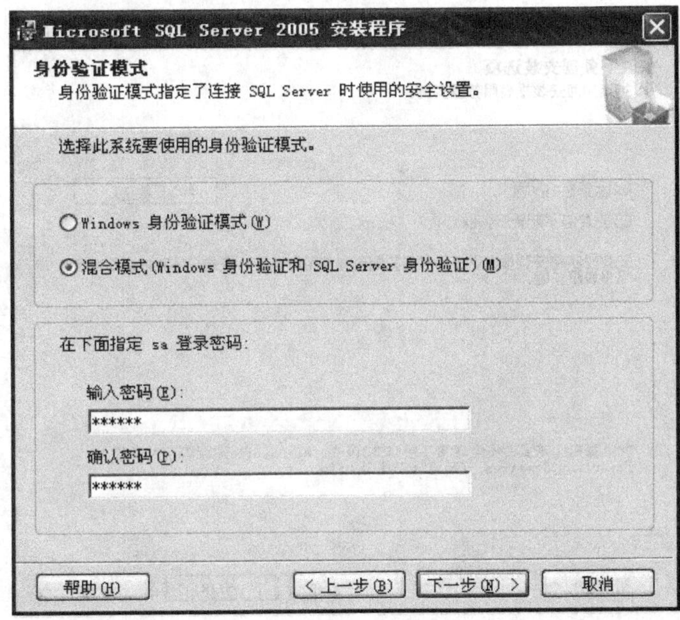

附图 19

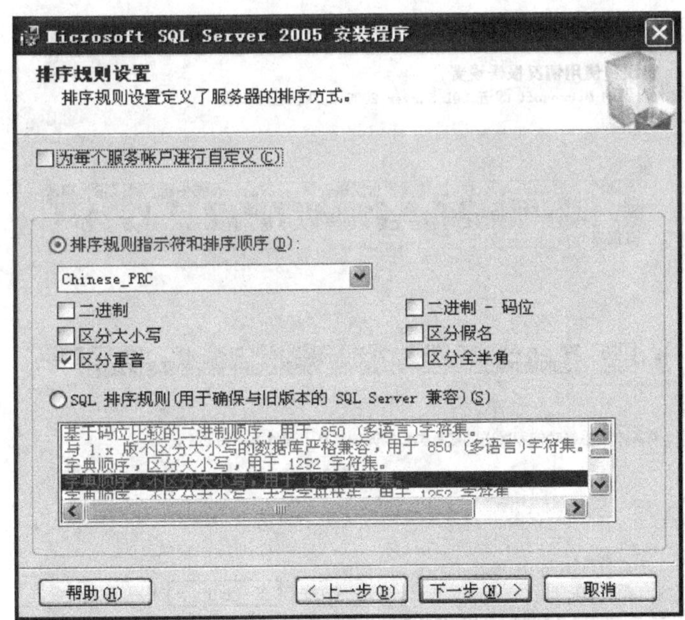

附图 20

(11) 单击“下一步”按钮，出现“报表服务器安装选项”设置界面，如附图 21 所示。

(12) 单击“下一步”按钮，出现“错误和使用情况报告设置”界面，如附图 22 所示。

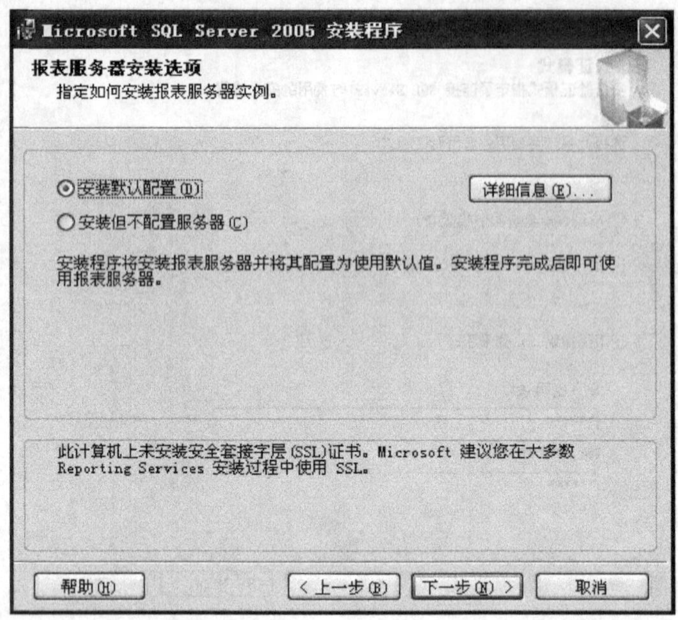

附图 21

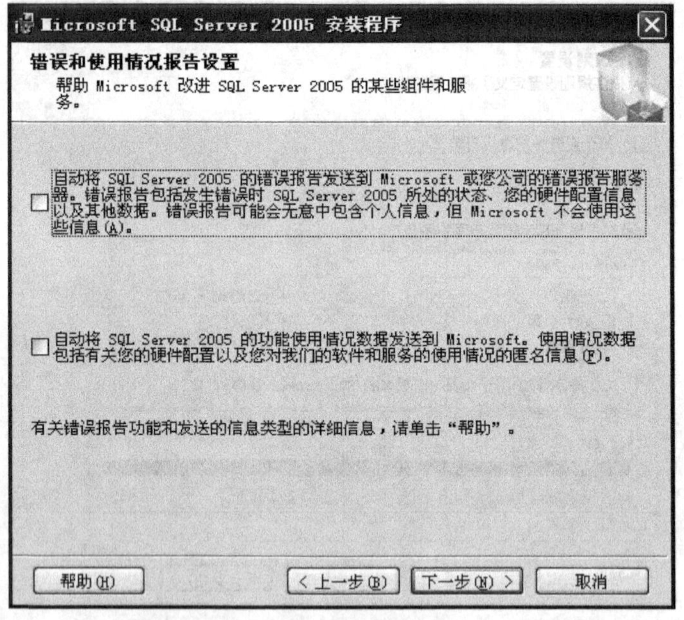

附图 22

(13) 单击"下一步"按钮,出现"准备安装"界面,如附图 23 所示。单击"安装"按钮,开始安装。

在安装过程中,将会提示用户放入光盘 2,如附图 24 所示。

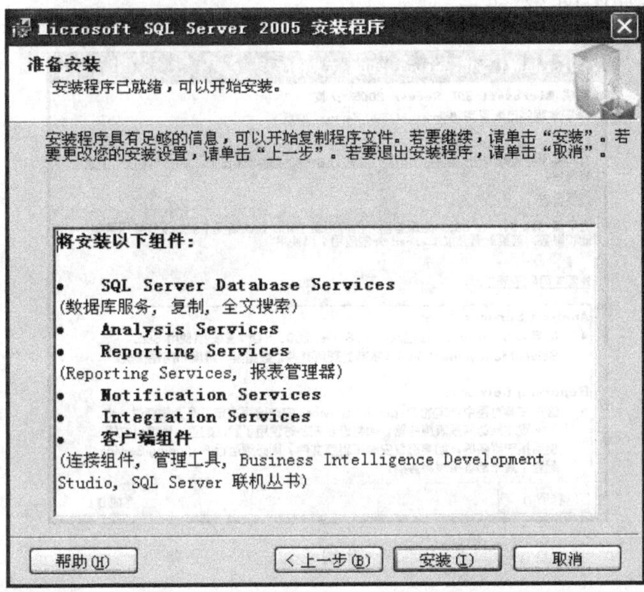

附图 23

附图 24

放入光盘之后，耐心等待一会儿，完成安装。安装进度界面如附图 25 所示。

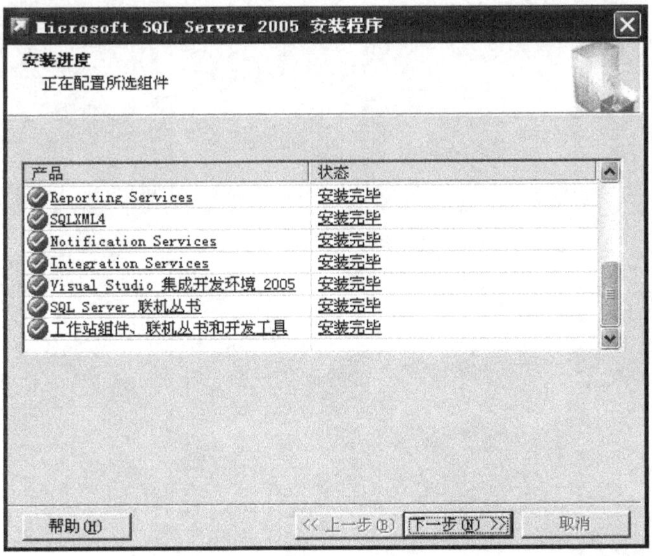

附图 25

完成安装界面如附图 26 所示。

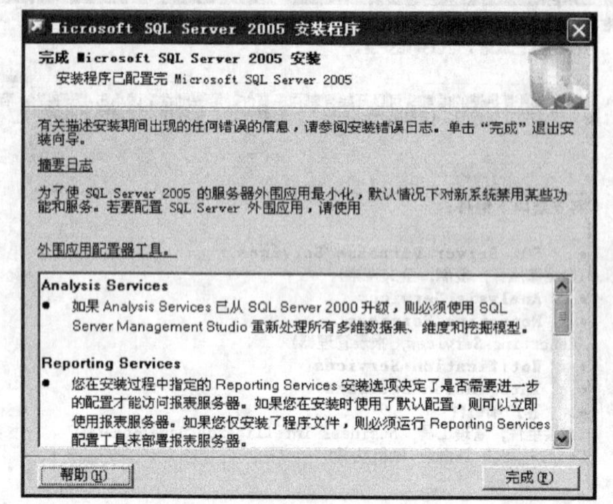

附图 26

参考文献

1. 邵举平，董绍华. 物流管理信息系统[M]. 第 2 版. 北京：北京交通大学出版社，2009.
2. 夏火松. 物流管理信息系统[M]. 北京：科学出版社，2012.
3. 王世文. 物流管理信息系统[M]. 北京：电子工业出版社，2010.
4. 冯耕中. 物流信息系统[M]. 北京：机械工业出版社，2009.
5. 王道平. 物流信息系统[M]. 北京：北京大学出版社，2012.
6. 王小丽. 物流信息管理[M]. 北京：电子工业出版社，2011.
7. 傅丽萍. 物流信息系统案例与实训[M]. 北京：中国农业大学出版社，2009.
8. 王晓平. 物流信息技术[M]. 北京：清华大学出版社，2011.
9. 吴忠. 物流信息技术[M]. 北京：清华大学出版社，2009.
10. 郑春瑛. 管理信息系统[M]. 北京：机械工业出版社，2008.